陈鹤琴中国化教育实践与探索

毕节幼儿师范高等专科学校
陈鹤琴教育思想研究推广中心 ◎ 编著

湖南师范大学出版社
·长沙·

图书在版编目（CIP）数据

陈鹤琴中国化教育实践与探索／毕节幼儿师范高等专科学校陈鹤琴教育思想研究推广中心编著. --长沙：湖南师范大学出版社，2025.1. --ISBN 978 - 7 - 5648 - 5749 - 3

Ⅰ. G40 - 092.7

中国国家版本馆 CIP 数据核字第 20252EZ364 号

陈鹤琴中国化教育实践与探索

Chen Heqin Zhongguohua Jiaoyu Shijian yu Tansuo

毕节幼儿师范高等专科学校陈鹤琴教育思想研究推广中心　编著

◇出　版　人：吴真文
◇责任编辑：吴鸿红
◇责任校对：张晓芳
◇出版发行：湖南师范大学出版社
　　　　　　地址／长沙市岳麓区　　邮编／410081
　　　　　　电话／0731-88873071　　88873070
　　　　　　网址／https：∥press. hunnu. edu. cn
◇经销：新华书店
◇印刷：长沙印通印刷有限公司
◇开本：710 mm×1000 mm　1/16
◇印张：12.5
◇字数：200 千字
◇版次：2025 年 1 月第 1 版
◇印次：2025 年 1 月第 1 次印刷
◇书号：ISBN 978 - 7 - 5648 - 5749 - 3
◇定价：69.00 元

凡购本书，如有缺页、倒页、脱页，由本社发行部调换。

编委会

主　　编　赵昌伦

副主编　杨福梅　孙　王　陈海莉

编写人员（按姓氏笔画排列）

马文燕　王　群　王　露　韦国芬

邓雯雯　刘　群　杨　璐　李泽琼

何琼芳　张媛媛　岳　曼　谯锡琴

前　言

　　陈鹤琴先生是中国著名的教育家，被誉为"中国学前教育之父"。

　　关于陈鹤琴教育思想的研究，近年来得到了明显的重视，有关陈鹤琴教育思想的论著、论文不断涌现，很多城乡幼儿园也在不断地推广陈鹤琴教育思想。毕节幼儿师范高等专科学校从学校的专业特点和专业建设需要出发，于 2017 年开始筹备成立"陈鹤琴教育思想研究推广中心"，集聚学校的有生力量打造核心团队，旨在促进对陈鹤琴教育思想的深入研究与实践推广，使中国教育家的理论得到认识、认可与应用。在深入学习和研究的过程中，我们发现，对陈鹤琴的教育思想，有从教育家角度的研究，也有从教学法角度的研究，但作为中国教育史这一学科之下的陈鹤琴研究，在力图建构陈鹤琴教育思想的逻辑体系方面做得是远远不够的。在学校对幼儿园园长和教师的培训实践中，我们发现学前教育专业出身的园长和教师们虽然知道陈鹤琴，但对陈鹤琴的教育思想、观点、做法，实践一线的同仁们知道得一鳞半爪，远不如对蒙台梭利了解得多。我校曾经在学前教育专业开设课程"陈鹤琴教育思想概论"，但这门课没有成型的教材可用。同时，在教学实践中，我们也发现教师们对陈鹤琴教育思想体系没有一个清晰的认识。基于此，我们觉得太需要系统整理陈鹤琴教育思想的观点和主张了，以帮助大家认识陈鹤琴的教育思想体系，普及陈鹤琴教育思想的相关知识，让适合、贴切中国儿童的教育思想与实践在当前的学前教育事业中得到推广与运用，从而进一步办好中国的学前教育。这本《陈鹤琴中国化教育实践与探索》便在这种情况下应运而生。

在这本著作中，我们采取理解、吸收、消化等方法，以构建陈鹤琴教育思想的结构，普及其思想的知识点和具体做法为目标，不求深化和比较研究，而是力图让陈鹤琴的教育思想体系有一个清晰的轮廓和线索，让人们可以了解陈鹤琴先生在倡导什么、实践什么，较为全面地掌握中国教育家结合中国实际的教育思想，能够在实践中得到指导和运用。本书有两个特点，一是强调简明，二是突出普及。为了节约时间，也为了提高大家对陈鹤琴研究的积极性，为未来深入研究打下一个坚实的基础，我们采取集体编写的方式，读原著、读研究成果，并结合自身的实际进行思考，多次讨论，几易书稿，终于使本书成型付梓。在编写过程中，我们尽可能地吸取原著和他人研究的成果，力求做到客观介绍为主，弱化主观评价，目的是保留本真，展现陈鹤琴教育思想研究原著的原意，比如"女子教育的重要性"这节放在第四章"陈鹤琴家庭教育中国化实践与探索"中，是因其原著中提出母亲承担了生养孩子与教育孩子的绝大部分工作，要做好家庭教育，要重视女子教育。又如"陈鹤琴特殊教育思想"放在第五章"陈鹤琴小学教育中国化实践与探索"中，主要原因是原著主要以 7 岁及以上儿童为研究对象。至于书中"幼稚园"、"幼稚"和"幼儿园"、"幼儿"的使用，因 1951 年《关于改革学制的决定》中规定将"幼稚园"改称为"幼儿园"，将"幼稚"改称为"幼儿"，其名称虽有差别，但本质含义并无不同，故在当代语境下使用"幼儿园""幼儿"，在原著引文语境下使用"幼稚园""幼稚"。我们在编写过程中汲取了大量陈鹤琴教育思想的优秀研究成果，在此对研究成果的作者一并表示感谢。由于水平有限，想达到的目标未必能够完全达到，错误也在所难免，敬请读者原谅和海涵。

陈鹤琴教育思想的研究与推广是一项艰巨的任务，我们愿意为此而不懈努力。如果本书能够引起您对中国教育家思想进一步认识和探索的兴趣，我们将感到万分欣慰。

编　者
2024 年 9 月 30 日于金海湖

目 录

第一章
陈鹤琴中国化教育实践与探索概说

第一节 中国最专业化的教育家
——陈鹤琴

2015 年，山东人民出版社出版了中国近现代原创型教育家研究丛书，是"十二五"国家重点图书出版规划项目，共出版了 8 位教育家研究专辑。这套丛书由李剑萍、杨旭作总序《原创型教育家的文化自觉与中国现代教育体系之形成》，对 8 位教育家所处的时代、肩负的使命、形成的教育思想作了评价，从中看到了每个教育家对中国教育的贡献及其在中国教育史上的地位。在这篇总序中，他们把陈鹤琴称为"中国近代教育家中的最后大师，也是最为专业化的教育家"。

所谓原创型教育家，丛书总序作者认为，"就是那些生于原创性时代，提出原创性问题，创立原创性思想和实践成果，并具有原创性影响的教育家"。他们认为"原创型教育家是教育家的最高级类型或形式，其'原创性'主要体现在四个方面：原创性的时代，一般产生于长历史阶段的巅峰时代或转型时代；原创性问题，敏锐而深刻地发现并概念化时代的重大教育问题，这些问题是前所未有且无法回避的，对于这些问题的解答、解决就构成了教育历史发展的一个个必然环节；原创性的思想和实践成果，开创学理、学派或创立学校、学制，'立言'丰赡卓越、自成体系，'立功'构想深远、规模宏大；原创性影响，不仅影响当代一时，并具有永久性乃至世界性价值，值得反复研究和解读以汲取智慧"。正是在这个意义上，丛书总序作者认为"在中国现代教育体系的形成时期，堪称原创型教育家者主要有张之洞、康有为、蔡元培、黄炎培、晏阳初、梁漱溟、陶行知、陈鹤琴等"，并把他们分成了三代教育家，认为"三代教育家的贡献因时代而有侧重。张之洞、康有为作为第一代的主要使命是发展现代学校、构建现代教育制度。第二代、第三代出现分化。黄炎培、晏阳初、梁漱溟是一系，主要贡献在于推动学校教育走向平民、走向乡村、走向社会。这有助于救治现代教育体系的过分制度化之弊，为封闭的、体制化的现代教育制度打开了一个新的领域，开辟了更广阔的天地，不仅把现代教育制度与当时的工农运动、社会运动相结合，而且与中国的教育传统和理念相吻合，可谓中国传统教育与现代教育在思想与实践上的化合，探索了传统教育现代化和现代教育中国化相融合的命题，只是囿于自身的经历、知识结构和学养，提出相应思想却理论基础薄弱，有思想体系而无理论体系。蔡元培、陶行知、陈鹤琴又是一系，他们无不参与当时几乎所有的教育运动，更重要的是他们构建起富有中国特色的教育理论体系。从这个意义来讲，他们三人是近现代原创型教育家中的三座高峰，是最伟大的教育家，是中国特色又具世界水平"。而陈鹤琴在其中"无疑是中国近现代原创型教育家中最为纯粹、最为专业者"。

如何理解"最为纯粹""最为专业"？总序的作者归纳了三个维度：一是陈鹤琴作为教育家的主要贡献，在于幼儿教育、家庭教育以及幼儿心理发展和测量研究；二是陈鹤琴既是心理学家又是教育家，并"以幼稚园的教育实践统合二者，最终成为以幼儿教育家知名的原创型教育家，构建起中国特色的幼儿教育理论体系";三是他有自己所秉持的哲学和价值观,即杜威现代教育理论中国化及其在中国幼儿教育实践化的产物——"活教育"。这是他区别于其他原创型教育家的创新点,也是他作为原创型教育家的支撑点。

作为最纯粹、最专业的教育家,陈鹤琴一生致力于教育事业,尤其是学前教育。他是8个原创型教育家中跨越时代最多、教育实践最长的教育家。陈鹤琴1892年3月出生于浙江省上虞县,卒于1982年。从1911—1914年就读于清华期间创办校役补习夜校和成府小学开始,陈鹤琴和中国教育从此结下不解之缘。1919年8月从美国留学回来后,9月应聘为南京高等师范学校儿童教育学、儿童心理学教授,他开始了在中国的教育实践和探索,一干就是63年。这63年,他为中国教育留下了很多宝贵的遗产。中国学前教育的很多个第一,都与陈鹤琴有关:创办第一所现代意义的幼稚园——南京鼓楼幼稚园,出版第一本中国儿童心理研究专著、第一本中国的家庭教育专著,翻译第一篇研究儿童心理的文章,创办第一所公立的幼儿师范学校,创办第一家中国儿童玩具厂,等等。他的教育实践,涉及我国学前教育从幼稚园到大学的全部过程,从学校教育教学到家庭的全部环节,无论是课程设置、教学方法还是教师(家长)素养、能力、评价,都有自己的关注点、创新点和成就点。不仅如此,陈鹤琴还通过对各国学前教育的考察和参加国际教育组织交流的机会,既加强对其他国家学前教育事业的介绍、比较,又在这种比较和介绍中对如何建设中国化的学前教育作了积极探索。所有这些,经过实践化、理论化、系统化的过程,终于构建起了中国自己的学前教育理论体系。由于终其一生对学前教育的重大贡献,他被学界尊为"中国幼教之父"和"中国的福禄贝尔"。

第二节　陈鹤琴教育思想的基本框架

关于陈鹤琴教育思想的基本框架，有一种观点认为，是由五个方面组成：一是科学的儿童观，二是幼儿园办园的十五项主张，三是活教育的理论体系，四是产学研结合的办学体系，五是为一切儿童的主张。这是陈鹤琴女儿陈秀云的观点。这种观点虽然基本抓住了陈鹤琴在中国现代教育史上的主要贡献，但考察不完善，没有完全展现了陈鹤琴教育思想的全部内容。结合国内陈鹤琴教育思想的研究成果，我们觉得，考察陈鹤琴教育思想的基本框架，要从陈鹤琴的全部教育实践和主张来分析和概括。基于这个认识，我们认为陈鹤琴的教育思想由以下三个方面构成：

第一，基于实用主义的哲学价值观和研究教育的科学方法。陈鹤琴首先接受了中国传统文化的教育，中国传统文化中重视德行、刻苦用功、勤奋好学的教育元素涵养了陈鹤琴的精神力量和人格修养。但对陈鹤琴影响最大的，是杜威。陈鹤琴虽然没有直接作为杜威的学生，但其接受现代教育的过程与杜威有密切的关系。他到美国哥伦比亚大学学习教育和回国从事教育的时候，正是杜威实用主义教育思想在美国和中国教育界被顶礼膜拜的时候。杜威关于平民教育的思想及其教育方法论，直接间接地对陈鹤琴产生影响，使他的教育思想面向觉醒的普通民众，为其教育救国的梦想提供了坚实的理论武器。同时，回国后，陈鹤琴加大了在教育实践中推广和介绍国外研究教育的科学方法，我们今天习以为常的问卷调查法、观察法、实验法、智力测验法、教育统计法等，很多都是陈鹤琴第一次在中国进行推广和运用的，尤其是学前教育在城市和乡村的实验，是他运用这些方法结出的丰硕果实，他甚至专门出版了介绍具体方法的专著，如《智力测验法》，对这些方法的普及和推广提供了具体的指导。陈鹤琴不仅把杜威的教育思想和实用主义哲学运用到教育活动中，还把世界教育研究的科学方法运用到具体的教育实践中，使我国的现代教育真正开启了科学的研究，对现代教育的中国化实践提供了理论的武器。

　　第二，科学的儿童观和教育观。科学的儿童观和教育观，包括如何认识儿童、如何对待儿童和让儿童接受学前教育的重要性等方面。在如何认识儿童上，他提出："儿童不是'小人'，儿童的心理与成人的心理不同，儿童时期不仅作为成人的预备，亦具他的本身的价值，我们应当尊敬儿童的人格，爱护他的烂漫天真。"① 他主张要尊重儿童的个性，根据儿童的心理来施行教育。这些观点，是基于他对儿童的观察、了解、研究的基础上提出的。他通过细致深入的观察，发现了中国儿童的心理特点及成长过程，使他对儿童的认识和理解建立在科学研究的基础之上，他写作的《儿童心理之研究》是中国第一本研究儿童心理的专著。科学的教育观，包括儿童的学习、儿童教育的方法等方面。他认为，"幼稚时期（从出生到七岁）是人生最重要的一个时期，什么习惯、言语、技能、思想、态度、情绪，都要在此时期打下一个基础，若基础打得不稳固，那健全的人格就不容易形成了"。因此，他高度重视学前教育和家庭教育，不仅亲自创办鼓楼幼稚园直接开展学前教育实践，而且写出中国第一本关于家庭教育的专著，探讨家庭教育的原则和方法。科学的儿童观和科学的教育观，使陈鹤琴的教育思想始终沿着儿童身心健康发展方向不断进行探索和创新，积累了丰富的内涵与外延，至今仍对中国教育产生着积极的影响。

---

① 陈秀云，陈一飞. 陈鹤琴全集：第一卷［M］. 南京：江苏教育出版社，2008：6.

　　第三，中国化的教育实践与探索。这是陈鹤琴教育思想中最精华、最核心的部分。陈鹤琴终其一生的教育实践，都是在致力于教育中国化的实践与探索。他认为当时的中国教育动辄效法西方国家和日本，教学的内容、方法、目标都存在脱离中国儿童实际的问题，因此提出举办中国化的教育的主张。他对教育中国化的探索和实践，几乎涵盖了教育的各个层次，包括学前教育、家庭教育、小学教育、幼儿师范教育、特殊教育等，其中最重要的是关于学前教育、家庭教育、幼儿师范教育的理论与实践，经过多年的探索和实践，最终形成"活教育"理论体系。这是陈鹤琴结合中国实际摸索的过程，也是其教育理论创新、发展与形成体系的过程。正是经过这样的努力，使学前教育终于形成了自己的理论体系，涵盖了学前教育实践与过程、幼儿师范教育的实践与过程，既有从心理学角度的理论与实践探讨，也有从教育学角度的理论与实践探讨，而且都结出了沉甸甸的果实，对中国的学前教育和幼儿师范教育产生了深远的影响。这个过程，是理论形成的过程，更是一个爱国教育家贡献自己努力探索教育中国化发展的过程。虽然在中华人民共和国成立后教育全面照搬苏联模式，特别是20世纪50年代对"活教育"理论的批判曾经造成陈鹤琴教育实践的中断，但改革开放以来，尤其是现在，陈鹤琴的理论和探索正在逐渐为学界所认可，其思想体系也在实践中不断得到推广和应用，产生着积极的影响。因此，深化对陈鹤琴教育思想体系的认识，吸收其教育思想中合理有效的成分，对探索中国教育的发展道路，彰显中国教育尤其是学前教育的特色无疑具有积极的现实意义和深远的历史意义。

第三节 陈鹤琴教育思想与实践的当代价值

陈鹤琴终其一生对学前教育事业的躬身实践和其所取得的成就，为我们探索中国学前教育事业的发展提供了理论支撑和实践成果，展现了符合中国特色的幼儿教育成就，其理论与实践在今天尤其具有积极的意义，具有深厚的当代价值。这种价值体现在：

一是奠定了学前教育理论的中国基石。中国的学前教育理论研究虽然起步比西方晚，但是，由于有陈鹤琴的探索，中国学前教育从一开始就有了明确的标准和方向。陈鹤琴所处的时代，不是没有学前教育，但"所有的幼稚园都是宗法西洋成法，不是直抄福禄贝尔，就是直抄蒙台梭利，不肯自己加以变化，也不管儿童是否接纳，是否适合儿童的脾胃，最可笑的就是舍弃近而易得的，苦心地削足适履去求合于古法"①。陈鹤琴正是看到了这些问题，提出了学前教育要符合中国儿童实际的思想。他的理论主张都是从中国儿童的实际和学前教育的实际出发，无论是十五条办园主张还是"活教育理论"，无论是家庭教育还是学前教育体系，都把理论的根牢牢地种植在中国的土壤里。他从研究中国的学前教育和实践来构筑自己的理论框架，也为学前教育理论奠定了中国基石。从陈鹤琴之后，中国的学前教育理论有了更为实际的出发点，有了成长的基础。

二是彰显了学前教育实践的中国作风。教育是世界的，但教育也是民族的。起始于教会的学前教育，从一开始就是全盘西化的产物。但西方教育理论是否完全适合中国的教育实际，有赖于中国人自己的认识、觉醒和探索。为了推进学前教育中国化，陈鹤琴建立了第一个幼儿园

---

① 陈秀云，陈一飞. 陈鹤琴全集：第二卷［M］. 南京：江苏教育出版社，2008：4.

——南京鼓楼幼稚园；为了培养自己的学前教育教师，他创办了第一所幼儿师范学校；为了增强学前教育的中国化研究，他在幼儿师范学校里开设了学前教育专科，并在之后创办了第一个学前教育本科专业，积极探索学前教育在中国教育体系中的发展道路。所有的探索，都体现了结合中国实际、具有中国特质的特点，为学前教育去除教会影响，成为平民的、大众的教育作出了独特贡献，彰显了学前教育实践的中国作风。

三是建立了学前教育课程的中国体系。终其一生，陈鹤琴对学前教育课程体系的建设可谓殚精竭虑。从幼儿园的课程，到师范专科、本科的课程他都作了积极的探索。仅以幼儿园的课程来说，他在教学目标、教学原则、教学内容、教学方法等方面都有具体的探索和实践，其思考之深入、具体，直到今天依然有积极的意义。比如他的五指活动，直指今天学前教育五大领域。不仅如此，他还设计儿童的玩具，并参与创办中国的第一个儿童玩具厂，提出做中国自己的玩具，不要完全使用西方的"恩物"。他高度重视儿童良好习惯的养成教育，倡导教学做合一的游戏教学法。他主张儿童要认识自然，认识社会，要做中国人，世界人。他在课程方面的积极探索，建立了学前教育课程的中国体系，为后来者充实、完善课程体系提供了坚实的基础。

四是体现了学前教育发展的中国关怀。在整个教育体系中，学前教育阶段在中国是一个不被重视、发展极不平衡的学段，至今学前教育都还面临着如何正确认识其地位，如何把握好其发展方向的问题。虽然中国自古有"三岁看大，七岁看老"的说法，也有"颜子家训"等关于儿童教育的著作传世，但是真正意义上的学前教育，真正把儿童当成人——成长的人看待是从陈鹤琴开始的。陈鹤琴认为："儿童不是成人的缩影，而是有他独特的生理、心理特点的。"[①] 因此，他从观察自己儿子的成长入手，研究儿童心理。其《儿童心理之研究》一书，成为中国研

---

① 陈秀云，陈一飞. 陈鹤琴全集：第一卷 [M]. 南京：江苏教育出版社，2008：504.

究儿童心理的开山之作。他的《家庭教育》，自出版后再版多次，受到学界和普通读者由衷欢迎。著名心理学家潘菽认为："他之所以能达到这样高度的成就，主要还是因为他全心全意扑在孩子身上，千方百计为了使他们的身心能得到健康的发展，处处体贴他们，为他们着想，但又决不姑息他们、纵容他们、迁就他们。"① 他用他对儿童的真诚关怀，体现了一个执着的教育工作者对儿童的关怀，这种关怀不仅仅体现了一个长者、学者的情怀，还在探索儿童成长的中国道路上体现了对儿童教育、成长的中国关怀。这种关怀走出个体，成长为一种模式、一种道路，代表中国教育群体对学前教育的理论和实践贡献。

五是发出了一切为儿童的中国声音。陈鹤琴病危时，已经不能说话，他用纸笔写下"我爱儿童，儿童也爱我"几个字，感动了很多人。早在1935 年，他就在《对于儿童年实施后的宏愿》中发出了"为一切儿童"的呼声。他提出了九条宏愿。第一、二、四条提出要"为一切儿童"，第三、九条强调要为儿童福利着想，第五、六、七、八条是对父母、教师和成人们的要求。这是根据我国国情将 1934 年《日内瓦儿童权利宣言》精神和中华民族优秀文化精神相结合的产物，是倡导全民族、全社会关爱和教育儿童、维护儿童权益的宣言书，也是他的伟大理想和抱负并一生为之奋斗的目标。这篇文章把陈鹤琴对儿童的关心和关注表达得淋漓尽致，不仅对教师，还对全社会和个人都提出了热切的希望。可以说，这种关心和关爱是全方位的，表现了陈鹤琴的儿童观。这种呼声不仅代表他个人，还代表了中国教育工作者对儿童关心的真实情感，比之于单纯从一个角度来关注儿童来得更全面，更有价值。可以说，正是因为有这种儿童观，才使得陈鹤琴终身对儿童教育与发展倾注了毕生的精力。在此之前，还没有一个人对儿童的关心做到如此全面，这应该是陈鹤琴学前教育理论的情感基础。

① 陈秀云，陈一飞.陈鹤琴全集：第一卷［M］.南京：江苏教育出版社，2008：1.

第四节　从陈鹤琴教育思想与实践中学什么

陈鹤琴教育思想与实践彰显着丰富的内涵，值得深入研究、学习和借鉴。应该从其中学什么？概括起来，有以下几点：

一、对儿童成长的终身关怀

我们都熟悉儿童是祖国的花朵，是民族的未来这些理念，但真正把这些理念一辈子融入自己的生活与工作实践中，无怨无悔地为之奋斗终身的人少之又少。但无论怎么少，陈鹤琴都是其中坚持得最长久、成就最丰硕的一个。一套《陈鹤琴全集》，收录了他一生关注儿童教育的全部著作和讲义，我们可以从中看出他对儿童教育的学习、思考和探索，更可以从中看出他对儿童教育事业的由衷热爱。正是这种爱成就了他的教育思想。我们要学习他对儿童成长终身关怀的情怀，并要做好献身学前教育事业的心理准备。尤其是对幼儿师范高等专科学校的教职工来说，更要把对儿童成长的关怀作为我们的初心，传导给学生，辐射到幼教机构。我们要像陈鹤琴一样研究儿童、研究教学、研究实践，把对儿童成长的关心化为行动，推动学前教育事业的全面发展。

二、对教育的执着信仰

早在1924年，朱自清先生就发表了《教育的信仰》一文，明确地提出："教育者须对于教育有信仰心，如宗教徒对于他的上帝一样；教育者须有健全的人格，尤须有深广的爱；教育者须能牺牲自己，任劳任怨。"这是老一辈教育家对教育的感悟，更是对从事教育工作之人的中肯之言。陈鹤琴先生正是有信仰的教育家。他一生没有脱离教育事业，支撑他一路前行的正是他对教育的执着信仰。信仰是一种精神，有了这种精神，阻碍事业发展的一切困难都可以被克服，影响事业发展的一切问题都可以被解决。正是这种信仰的支撑，我们看到陈鹤琴在战乱的时候，还能够创办幼儿师范学校；在颠沛流离中，还在思考教育的发展；在弥留之际，还在想着儿童。所有这些，都能让人看到老一辈教育家对教育的情怀，看到他们坚持一生的信仰。而对教育的信仰，正是今天我们教育界最缺失的、最宝贵的精神财富。要推动我国教育事业的发展，必须要造就有信仰的教师群体，让每一个教师在其岗位上不懈付出，教育才会有希望，国家才会有希望，民族才会有希望。

三、对建设中国作风的学前教育体系的毕生追求

在陈鹤琴之前，中国的学前教育有两种，一种是私塾式的传统蒙学，另一种是教会所办的西式的学前教育。从陈鹤琴开始，努力探索符合中国国情的学前教育体系。他的关注点不单纯有幼儿园教学，而且还有幼儿园如何培养师资。他不仅关注幼儿园的课程建设，而且还关注幼儿师范学校的课程建设。在他的倡导下，中国不仅有了现代意义上的学前教育，而且有了现代意义上的从中专到本科的幼儿师范教育；不仅为幼儿园一线培养了自己的师资，而且为学前教育的发展培养了研究队伍。同时，他的理论实践为学前教育提供了研究的方法和成果。所有这些，都让人看到陈鹤琴的贡献。中国的学前教育，自有其自身的特点；中国儿童的成长，亦有其自身的规律。怎么样从自身的特点和中国儿童成长的规律中去找到中国学前教育的建设点，既吸纳西方先进学前教育思想，又结合中国的实际进行创新，是陈鹤琴一生追求的方向。他的贡献是开创性的，同时也对今天的学前教育体系建设充满着启示。

四、对探索学前教育理论的科学态度

陈鹤琴从一开始对学前教育理论的探索就建立在科学的基础之上。

他没有人云亦云，而是通过对儿童的观察，详细地记录儿童的表现，从中发现儿童成长的规律。他探究学前教育的方法，也是建立在适合幼儿认知和成长的规律之上，无论是课程的设置，方法的选取，还是教玩具的开发，都根据幼儿成长的规律来规划和设计。所有这一切，都表明陈鹤琴在探索和实践幼儿教育的时候都坚持着科学的态度，都遵循着教育规律。"陈鹤琴一贯提倡求真求是的实验精神和创新精神，他的大部分论著都是科研、实验和创新的总结。"这正是陈鹤琴教育思想能够成为理论的坚实基础，也是陈鹤琴教育思想能够落地生根的基础。这种科学态度，无论是在过去，还是在现在，甚至在将来，都是教育正确发展的基础。只有正确认知，科学探究，教育事业才会健康发展。

五、对发展和普及学前教育的顽强实践

陈鹤琴终其一生，对学前教育发展倾注了毕生的心血。他的整个教学和研究过程，几乎涵盖了我国学前教育的方方面面，我国学前教育发展史上的每一个重要节点，都有他的贡献和思索。从投身于学前教育以来，无论是面临烽火连天、战乱频发的境遇，还是处于和平的生活环境之中，他都没有远离过学前教育这一片天地；无论是在一线，还是在高校，他依然把学前教育的发展牢牢放在心上。这也就是为什么他的思考和探索，是如此地切合我国学前教育的实际，他的方法和理论，全都来自自己的躬身实践。接地气，能操作，促发展，是他的理论的特点。从他的身上，可以看到老一辈教育家那种执着追求和无悔奉献的精神。这种精神，是今天教育前行的动力所在，更是中国教育自信的根源所在。如果我们的教育工作者都能拥有这种精神并将其发扬光大，中国教育何愁不会结出世界性的果实。因此，我们必须继承好这种精神，这对师范院校来说更有着不可估量的价值和意义。"教育是一个漫长的循序渐进的过程，同时也是一个周期性循环的过程，这就要求我们既要有耐心和耐性，苦得，守得，磨得，又要针对每一届每一班每一个学生的不同实

际，保持新鲜感和创造力，学会创新、学会进取，才可能避免老生常谈、固步自封。事实上，教育需要周期性循环来不断地积累和提高，教育更需要针对教育对象的周期性改变来创新和进步，在这种教育教学过程中感受教育的成功和喜悦，才是教育的魅力所在。"[①] 从陈鹤琴的身上，我们再次真切地看到和感受到了这种魅力的力量。

---

① 吴文鹏，郭泗东. 中国职业教育名校/名校长创新管理评析·学生管理卷 [M]. 重庆：西南师范大学出版社，2012：105.

第二章
陈鹤琴中国化教育实践与探索的源头、方法及主张

第一节　陈鹤琴中国化教育实践与探索的哲学基础

陈鹤琴的教育思想扎根于他对儿童的无限热爱，他秉承教育实验的精神对儿童心理进行研究，由此诞生一系列教育思想，如学前教育理论、家庭教育理论、小学教育理论、师范教育理论、幼稚园课程理论等。陈鹤琴教育思想的形成和他自身人生经历、求学经历密切相关，蕴涵丰富的哲学理论思想。

一、中国传统文化是陈鹤琴教育思想哲学基础的起点

品德高尚、以身作则、学以致用、因材施教、爱护学生是中国儒家教育思想的代名词，这种教育倡导自强不息，加强自我修养，是一种积极的、充满正能量的教育方式，陈鹤琴从小深受其影响，在脑海里留下了深深的烙印。

陈鹤琴的母亲是中国典型的妇女形象，善良、贤惠、任劳任怨。父亲严厉、不苟言笑，使人感到畏惧，夫妇二人育有一女四子。在陈鹤琴6岁时，父亲就去世了，从此以后母亲一人撑起全家的生活。陈鹤琴的

母亲经常用"吃得苦中苦，方为人上人"来教育孩子，所以打小他就明白了一个道理，即"人生非奋斗，没有出路"。7 岁时，陈鹤琴进私塾读书，后来进入蕙兰学校、圣约翰大学、清华学堂读书，读书期间他非常刻苦、勤奋，成绩优异。他是全校起床最早的学生，而且还以儒家的格言来勉励自己，在课桌上写下"富贵不能淫，贫贱不能移，威武不能屈""有志者事竟成"等名言警句。

1914—1918 年期间，陈鹤琴先后在霍普金斯大学和哥伦比亚大学深造学习，当得知留学的经费是美国退还的庚子赔款，是人民的民脂民膏栽培了自己之后，他暗下决心，一定不辜负祖国的期望。学有所成，救国爱民的思想在他心中油然而生。在远赴美国的船上，本来陈鹤琴是打算选择医学专业进行学习，但经过反复思考，最终确定学习教育专业，毕生献身于儿童事业，这样他教育救国的美好愿望才能实现。陈鹤琴关心国家和民族的命运，希望通过教育来培养人才，并使当时的中国得到复兴，这与儒家的教育思想一脉相承。"爱国""做人"的人生宗旨，陈鹤琴不但以此勉励自己以身作则，而且还不断以此告诫自己的学生。1940 年在创办江西省立实验幼稚师范学校时，陈鹤琴就提出"做人，做中国人，做现代中国人"的口号，这也是其日后"活教育"思想有名的目的论。抗日战争胜利后，"活教育"目的论继续升华，陈鹤琴又提出"做人，做中国人，做世界人"，要学会爱全人类，爱真理。

另外，陈鹤琴还吸收孔子以身作则教育弟子的思想，教育学生，特别强调教师和父母必须以身作则。同时他倡导"师生制"，在师范教育中用"师生制"的方式让学生进行高效地学习，收获很大。

陈鹤琴肯定中国传统文化中的合理思想，站在当时的时代背景下，重视大多数人民的利益，用中国儒家传统中的优秀思想培养学生之外，还用西方先进的教育思想和研究成果培养学生。

二、西方教育思想是陈鹤琴教育思想哲学基础的重要支撑

19 世纪末 20 世纪初，资本主义加速发展，资产阶级为了适应生产

力发展的需要，在欧洲掀起了"新教育运动"，这一浪潮传到美国，同实用主义思想相结合，就形成了进步主义教育运动。陈鹤琴留美期间正好赶上美国的教育改革，他师从杜威、孟禄（美国教育史学家）、桑代克（心理学家）、克伯屈（美国进步主义教育家）等著名教授，认真学习教育学和心理学的实验以及研究方法，为日后中国化的教育实验打下坚实的基础。

杜威是实用主义流派的主要代表人物，也是美国进步主义教育运动的弄潮儿，他反对以赫尔巴特为主的传统教育思想，认为当下的教育要符合资本主义发展的需要，提出"教育即生活""学校即社会""教育即生产经验的改造"，主张"从做中学"，强调教育应该以儿童的活动为中心，围绕儿童的经验、兴趣展开。陈鹤琴的教育思想直接受到了以杜威为代表的进步主义教育运动的冲击，"活教育"中"做中教，做中学，做中求进步"的方法深受杜威学说的影响。

陈鹤琴的教育思想是中国化的独创体现，虽然他的思想可以追溯到杜威等人的影响，但陈鹤琴本人对于西方教育思想持理性态度和其大胆尝试，勇于实践的精神，学界基本一致认为陈鹤琴的教育思想不是杜威的翻版，而是中国化教育思想体系的重要组成部分。杜威认为经验不是从客观现实中产生的，是感觉的总和，这种把客观现实看作经验、感知的东西，是典型的主观唯心主义经验论。陈鹤琴与其相反，他认为客观现实是知识、经验产生的源泉，是典型的唯物主义认识论观点。由此可见，陈鹤琴深受西方教育思想的影响，但他并不是全部机械地照搬照抄，而是结合当时中国的具体国情，在中国的土地上进行大胆实验，吸取合理、有用的部分，创建中国自己的学前教育体系，"洋为中用"。

陈鹤琴继承了杜威的实用主义教育思想，同时也改造和批判了其思想，又吸收了中国优秀的传统文化，他是一位胸襟开阔，立足中国，放眼看世界的爱国教育家。

第二节　陈鹤琴教育实践与探索的方法

何为研究方法呢？裴娣娜在《教育研究方法导论》中对其定义为："按照某种途径，有组织，有计划，系统地进行教育研究和构建教育理论的方式，是以教育现象为对象，以科学方法为手段，遵循一定的研究程序，以获得教育科学规律性知识为目标的一整套系统研究过程。"① 研究方法主要有文献法、观察法、调查法、实验法、历史法等。俗话说"工欲善其事，必先利其器"，陈鹤琴意识到"利其器"的重要性，在回忆自己的留学生涯时他说："到国外去游学，最重要不是许许多多死的知识，乃是研究的方法和研究的精神，若得到研究的方法和研究的精神，你就可以任意去开知识的宝藏了。"② 回国后的陈鹤琴在教育实践中对研究方法进行具体应用，他长期致力于中国化的教育科学研究，在儿童心理、学前教育、家庭教育、小学教育、特殊教育、师范教育等方面取得了丰富的研究成果。笔者通过对陈鹤琴教育思想相关的文献进行整理和研究发现，在当时的社会背景中，陈鹤琴对教育诸领域进行研究时运用了比较先进、科学、多样的教育研究方法，如观察法、实验法、比较法、个案法、调查法、测验法等。有学者指出陈鹤琴是我国第一位运用现代科学方法研究儿童心理，进行教育实验的教育家。接下来让我们走进近现代幼儿教育家和儿童心理学家——陈鹤琴的世界，详细了解其卓越教育成绩背后运用的主要研究方法。

---

① 裴娣娜. 教育研究方法导论［M］. 合肥：安徽教育出版社，1995：4.
② 陈鹤琴. 陈鹤琴全集：第六卷［M］. 南京：江苏教育出版社，1992：592.

一、观察法

观察法就是研究者按照一定的目的和计划，在自然条件下，对研究对象进行系统的连续的直接观察，并进行准确、具体和详尽的记录，以便全面而正确地掌握所要研究的情况，收集有关资料加以分析和解释，最后获得对研究问题的认识。①

观察者、观察对象、观察的手段和观察对象的状态是构成观察法的四要素。1920年12月26日凌晨2点9分，陈鹤琴的长子陈一鸣出生，自此之后，他对研究对象做了808天的连续观察，用照片、文字的方式详细记录下来。陈鹤琴采用日记描述法、事件描述法和摄影记录法翔实记录了陈一鸣在各种场合、环境中透过动作、表情等反映一个儿童发展的规律和特点。现摘录其中三例：

1. 日记描述法例子

（1）生后2秒钟就哭，一直哭到2点19分，共连续地哭了10分钟，以后就是间断地哭了。

（2）生后45分钟就打哈欠。

（3）2点44分，又打哈欠，以后再打哈欠6次。②

这些细节当时都有详细的记录。

2. 事件描述法例子

他知道火炉是热的：有一天早上他手触着没生火的冷火炉，就缩手在衣裳上擦着，他的意思是以为火炉是有火的。这里有几点：①他把火炉同"热"联系起来。②小孩子容易患错觉的毛病。③他以为手上的热可以擦去的。这种动作他并没有看见人做过，人也没教过他，大概是自然发生的。（陈一鸣出生的第66个星期，1岁4个月。）③

---

① 刘晶波. 学前教育研究方法［M］. 北京：人民教育出版社，2006：204.
② 北京市教育科学研究所. 陈鹤琴教育文集：上卷［M］. 北京：北京出版社，1983：105.
③ 北京市教育科学研究所. 陈鹤琴教育文集：上卷［M］. 北京：北京出版社，1983：105.

3. 摄影记录法

陈鹤琴从陈一鸣出生到 2 岁 7 个月共拍摄了 80 多张照片，从照片中我们能捕捉到儿童成长的关键镜头，最后他将其整理、汇集在一起，并命名为"照相中看一个儿童的发展"。

二、调查法

调查法是用各种方法与手段，对某种现象进行有计划的、周密的、系统的间接了解与观察，并对所收集的资料进行统计分析或理论分析（定量或定性分析）的一种研究方法。① 陈鹤琴在遇到教育问题时善于做调查研究，他为了了解儿童的绘画心理共收集到 1510 位不同年龄阶段儿童的 6040 张绘画作品，然后对作品进行统计分析，数据让陈鹤琴对完形心理学解释知觉的固定性产生了疑问，不但提出儿童绘画教育的一般方法，而且还归纳出绘画材料的选择方法。此外陈鹤琴还对南京鼓楼幼稚园墙上的标语、挂图、绘画对儿童的影响做了调查研究。他把挂图翻转过来，然后询问小朋友挂图画的是什么，结果只有极少数的小朋友知道其中的几张图而已。具体调查之后，陈鹤琴告诉幼儿园老师把图片的内容详细讲给小朋友听，几个星期之后再一一询问孩子，结果比没有老师讲解之前好多了，几乎全部孩子都知道图画画的是什么，表达的意思是什么。结果表明，由于幼儿知识和经验水平的限制，空洞的标语、挂图、绘画对学前儿童是没有多大用处的，教师一定要向孩子进行详细解说效果才会好。

三、教育实验研究法

教育实验研究法是研究者按照研究目的，合理地控制或创设一定条件，人为地变革研究对象，从而验证假设探讨教育现象因果关系的一种

---

① 刘晶波. 学前教育研究方法 [M]. 北京：人民教育出版社，2006：131.

研究方法。① 实验法首先要进行实验假设的设定，然后确定自变量和因变量，控制好干扰变量，最后通过实验数据验证实验假设是否正确，得出自变量和因变量的因果关系。陈鹤琴在教育领域进行了很多的实验研究，比较突出的是对幼稚园课程的三期实验研究。

1925 年秋陈鹤琴在南京鼓楼幼稚园进行幼稚园课程的探索性实验研究。实验分三期，每期的实验假设是：一切课程是儿童自己的，不是老师、父母或社会上其他人的装饰品与利用工具；一切课程是当时当地儿童自发的活动；教师之职责是回答儿童的询问及供给各种应用材料；注意儿童的身体健康，动作的活泼，不愿儿童受呆板的束缚。② 第一期实验以失败告终，第二期实验陈鹤琴对自变量进行改变，但发现实验过程中抑制了儿童的兴趣，忽视了儿童的个体差异，所以第二期实验仍然没有达到预期的实验效果。陈鹤琴坚持不懈，继续努力做第三期实验，第三期实验在第二期实验的基础上对自变量又进行了调整，以活动主题为中心，大中心下设小中心，实验假设不变，最终得到了实验预期的效果，获得社会广泛好评。1929 年颁布的《幼稚园课程暂行标准》就是依据当时陈鹤琴在鼓楼幼稚园的课程实验成果拟定的。

除了观察法、调查法、实验研究法之外，陈鹤琴还应用了比较研究法，常拿自己的研究结果与国外的研究结果进行比较或比较国外的研究结果，如对儿童颜色美感的比较研究，对儿童恐惧心的比较研究等。陈鹤琴对长子的观察研究也属于个案研究法，他以一鸣为研究个案，进行心理、绘画、家庭教育等多方面的研究。测验法也是陈鹤琴教育研究方法中的一种，他对儿童的知识、智力水平等多方面进行测验，为儿童设计专门的测验材料，创编中国自己的测验。

如今我们不仅仍要学习陈鹤琴教育的研究方法，还要学习他实事求是、坚持不懈、勇于创新的幼儿教育研究精神。

---

① 裴娣娜. 教育研究方法导论［M］. 合肥：安徽教育出版社，1995：244.
② 陈秀云，陈一飞. 陈鹤琴全集：第二卷［M］. 南京：江苏教育出版社，2008：106.

第三节　陈鹤琴中国化幼儿教育纲领
——《我们的主张》

陈鹤琴于 1923 年创办鼓楼幼稚园，最主要的目的在于改变当时中国国内幼稚园在教学中所存在的各种弊病，以抵御"外国化""宗教化"教育。他运用儿童心理学原理，试验"中国化""科学化"的幼稚园环境、玩具设施、教学活动，以适合中国国情。他在办园理念与教学内容等方面制定了规划，开始了"中国化"教育改造的进程。

1927 年陈鹤琴在《幼稚教育》第一卷第一期发表被后人誉为"中国现代幼教宣言"——《我们的主张》，共有十五条内容：幼稚园是要适应国情的；儿童教育是幼稚园与家庭共同的责任；凡儿童能够学的而又应当学的，我们都应该教他；幼稚园的课程可以以自然、社会为中心；幼稚园的课程需预先拟定，但临时可以变更；我们主张幼稚园第一要注意的是儿童的健康；我们主张幼稚园要使儿童养成良好的习惯；我们主张幼稚园应当特别注重音乐；我们主张幼稚园应当有充分而适当的设备；我们主张幼稚园应当采取游戏式的教学法去教导儿童；我们主张幼稚生的户外生活要多；我们主张幼稚园多采取小团体的教学法；我们主张幼稚园的教师应当是儿童的朋友；我们主张幼稚园的教师应当有充分的训练；我们主张幼稚园应当有种种标准可以随时考查儿童的成绩。

这些主张反映了其对于幼儿教育的基本理念与原则，我们可以归纳为以下几点进行理解：

第一，适应国情与家庭参与。为了适应国情，幼儿教育应该根据国家的实际情况和文化背景来设计和实施，确保教育内容与社会的需求和期望相符合。幼稚园应该结合当地的文化传统和教育需求来设置课程和活动，与当地社区紧密合作，共同促进儿童的发展。在儿童教育中，家庭是孩子的第一个教育场所，家长的教育方式和家庭氛围对孩子的成长至关重要。而幼稚园作为专业的教育机构，应该与家庭紧密合作，共同为儿童的成长提供支持。家园合作，共同承担起教育孩子的责任，以确保孩子得到全面的教育。

第二，教育内容与方法。首先，教师教授儿童能够并应当学习的内容，强调了儿童教育的全面性，意味着凡是那些儿童能够学习且对他们有益的学科和知识，都应该被纳入教育内容中。其次，提出了幼稚园课程设计的一种理念，即以自然和社会为核心来组织课程内容。最后，课程需预先设计，但可根据实际情况灵活调整，表明了幼稚园课程管理的灵活性。

第三，健康与习惯。幼稚园首要关注的是儿童的健康，为此应该提供一个安全、卫生、健康的环境，确保儿童的身体发育和健康。此外，幼稚园应该注重培养儿童良好的行为习惯和人格品质。通过教育引导，帮助儿童形成健康的生活方式、良好的社交习惯和积极的学习态度。

第四，音乐与设备。幼稚园应该通过音乐教育，培养儿童的音乐感受力、鉴赏力和表现力，促进儿童的全面发展。同时应该提供充足的、适合儿童身心发展的教育设施和设备，如玩具、教具、运动器材等，以满足儿童的各种学习和活动需求，为儿童创造一个良好的学习和成长环境。

第五，游戏化教学与户外活动。对于儿童来说，生活就是游戏。在幼稚园教育中，应该通过游戏的方式来进行教学，使学习变得有趣和生动，激发儿童的学习兴趣和积极性，促进儿童的全面发展。同时给儿童提供更多的户外活动机会，让儿童能够接触自然环境，参与各种户外活动和运动，增加儿童的身体锻炼和社交互动，促进儿童的身心发展。

第六，小团体教学。在幼稚园中，小团体教学法可以应用于各种教学场景中，比如游戏、音乐、绘画等，能够更好地激发幼儿的学习兴趣和创造力，促进幼儿的全面发展。

第七，师资与培训。首先，教师应该在教育过程中尊重和理解儿童的立场和需要，与儿童建立亲密的关系，以朋友的方式与儿童互动和交流，从而更好地促进儿童的成长和发展。此外，教师应该接受专业的教育培训，具备丰富的教育知识和实践经验，掌握先进的教育方法和技能，以更好地指导儿童的成长和发展，并能够为儿童提供良好的教育环境和教育资源。

第八，考查与标准。幼稚园应该有一套完备的标准和评估体系，以便随时考查和评估儿童的学习成果和表现。这样的标准应该涵盖儿童在认知、情感、社交和身体等成长和发展的各个方面，确保儿童能够全面发展并达到预期的教育目标。同时，这种考查和评估应该是动态的、灵活的，可以根据儿童的实际情况和发展需要进行及时的调整和改进，以便更好地指导教育实践和促进儿童成长。

陈鹤琴提出的"十五条主张"核心聚焦了幼儿教育的重要性，他倡导一种多元化和综合性的教育方式，并对师资提出了高标准的要求，同时重视儿童的全面发展。这些主张体现了陈鹤琴对适应国情，儿童身心健康与全面发展的深思熟虑，以及对教育质量和教师素质的深切关注。他还特别推崇音乐、设备配备、游戏化教学和户外活动的运用。而将"适应国情"放在各项主张之首，源于鼓楼幼稚园开展的各项教学试验。"十五条主张"堪称中国近现代教育史上最早的"中国化"幼稚教育纲领。十五条主张里既有儿童观，也有教学观，还有教育观。虽然这些主张在今天已经大多成为学前教育界的常识，但在 21 世纪，陈鹤琴等老一辈教育家筚路蓝缕的探索，对今天学前教育的中国化建设仍是弥足珍贵的。

第四节　陈鹤琴的教育观

中国现代幼儿教育的奠基人陈鹤琴先生，就对中国幼儿教育的贡献而言，可以用两句话概括"为幼儿教育发现中国儿童"和"为儿童创办中国幼儿教育"，这也体现出陈鹤琴先生的儿童观和教育观。其中陈鹤琴先生的"活教育"就是他为中国儿童创立的中国幼儿教育理论，也是他毕生呕心沥血的事业和目标。

"活教育"是陈鹤琴先生根据中国的国情，为中国儿童创立的中国幼儿教育理论，是幼儿教育中国化的成功探索，是向西方学，走中国路的成功典范，主要包括"目的论""课程论""方法论""十七条教学原则""五指活动""学习的四步骤""十三条训育原则"等。陈鹤琴将"做人，做中国人，做现代中国人"作为教育的根本目标，同时也将此目标看作教育家对于时代、国家应承担的责任。陈鹤琴先生写道："我们要爱国家，爱人类，爱真理，便要为国家服务，为全世界的人类服务，为真理服务，如果我们只有知识和技能却不服务于社会，只有自私自利，就失去了教育的目的。""活教育"的本质，就是全面贯彻陈鹤琴先生的儿童观，就是实现现代教育的中国化、科学化和民主化，并为中国教育从理论上妥善地解决了培养目标的社会性、民族性与现代性的关系。

课程内容是实现教育目标的支柱，那么选择什么样的课程内容呢？陈鹤琴先生认为："大自然、大社会就是活教材。"儿童学习、进步最好的方式就是"做"。陈鹤琴先生认为，儿童只有"做"，与事物直接接触，教育才能"活"，"做"是"活"的前提，"活"是"做"的结果。比如讲到鱼，就要让儿童看到真正的鱼，让他们观察鱼儿是怎么呼吸，怎样浮沉，怎么前行的，让他们去研究鱼儿的各个部分。这种直接的经验是使人进步的最大动力，儿童利用直接经验进行学习的重要性不言而喻。由此，大自然构成的自然环境和大社会构成的社会环境一道组成了学前教育课程的中心内容。

为促进学前儿童整体的有机发展，课程结构应该具有整体性。陈鹤琴以人的五个连为一体的手指作比喻，创造性地提出了课程结构的"五指活动"理论，即儿童五类活动：健康活动、科学活动、社会活动、艺术活动和文学活动。这些活动来源于儿童生活本身并与儿童的生活融为一体，就像人的五个手指，共同构成了具有整体功能的手掌，但也有主次之分。他认为，儿童健康是幼稚园课程第一重要的。强国需先强种，强种先要强身，强身先要重视年幼儿童的身体健康，应注意培养儿童良好的行为习惯，带领幼儿多到户外活动，为了儿童的现在和将来，幼稚园的教育应注意儿童的健康。

课程目标和课程内容确定之后，如何组织实施课程来实现教育目标就成为了关键。怎样才能达到比较理想的教育效果呢？陈鹤琴认为，学前儿童的生活是"整个的"，学前儿童的发展也是"整个的"，外界环境的作用也是以整体的方式对儿童产生影响的，所以为儿童设计的课程也必须是"整个的"，互相联系的，而不能是相互割裂的。因此，他提出了适合学前儿童发展的课程组织法，这就是"整个教学法"。学前儿童是好游戏的，游戏是学前儿童最喜欢的活动。在游戏中，学前儿童能获得充分锻炼，展开丰富的想象，缓解紧张的情绪，体验活动的愉悦，这说明游戏具有统整作用。因此，游戏法是整个教学法的具体化。学前儿童的课程最容易游戏化，采用游戏化方式组织课程，能收到事半功倍的效果。在当今社会，浙江安吉的幼教改革为我们树立了一个广受欢迎的典型，安吉游戏，实际上是一个具有中国幼教特色的课程模式。

陈鹤琴的"活教育"，让我们认识到，走中国特色的路，就是要为中国儿童制作一双适合于中国儿童的脚的"新鞋"，带领他们走向通往现代化世界舞台的路。研究中国国情，符合中国儿童的需要，是科学的必然，是教育的归宿。因此，我们要继承"活教育"的精髓，运用陈鹤琴教育理念，为中国的孩子们制作合脚的"新鞋"，带领他们稳步走上现代化的教育之路。

第五节　陈鹤琴的儿童观

2020 年六一国际儿童节到来之际，五集电视纪录片《中国幼教之父——陈鹤琴》作为特别的"礼物"在各大电视频道播出，广大的幼教工作者以及家长都能从中汲取宝贵的经验，充实自己的教育理论，指导自己的教育行为。五集纪录片生动地展现了陈鹤琴教育思想的魅力，其中第一集"认识儿童"所阐述的历史以及表达的观点振聋发聩。

一、"幼童本位"的儿童观

1762 年，法国启蒙思想家、教育家卢梭出版著名的《爱弥儿》明确提出"儿童是人，儿童是成长中的人，儿童就是儿童"的观点。针对不同年龄阶段的儿童，卢梭提出了不同的教育原则。他的观点对西方儿童教育产生了深远的影响，也深深影响了陈鹤琴先生。

18 世纪 60 年代，儿童心理的研究还没有形成一种很广泛的、自觉的认识，还很少有人从儿童心理角度去考虑教育的实践。当时的教育普遍存在的形式是以成人为主导的，强迫式的，灌输式的。陈鹤琴先生反对陈腐死板的教育，反对"让儿童穿上长衫"的成人化倾向教育。他指出："儿童不是成人的缩影，而是有他独特的生理、心理特点的。"他的教育思想引领了"幼童本位"的新风气，开创了研究儿童心理、家庭教育的新思潮。

二、"中国儿童"在发现中获得成长

陈鹤琴先生认为儿童心理学的研究要注意以下三点。第一，要认识到儿童特有的心理发展特征和身体特征；第二，要为教育服务；第三，要采用科学的方法，要用客观的、严谨的方法来研究儿童心理。从这三点出发，陈鹤琴先生形成了自己的儿童观，他认为，"我们应该尊重他们的人格，爱护他们的烂漫天真"。

发现儿童意味着看见儿童，倾听儿童，理解儿童，之后才能支持儿童。发现儿童不仅仅是了解儿童生长的一般规律，还要了解每一个"活泼泼"儿童的独特想法，用中国的环境、中国的文化、中国的生活、中国的教育目标去分析中国的孩子。所以，"中国儿童"是幼儿教师要发现的主体目标。

三、用坚持科学实验的研究态度发现儿童

早年留学美国的经历，孕育了陈鹤琴先生坚持科学实验的研究态度。他将通过个别研究实验和集体研究实验得到的数据，与当时国外的数据作比较，得出中国儿童的发展水平结果。结合中国国情，陈鹤琴先生设计了一套儿童知识水平测验，568 个受试儿童分别回答 136 道测试题目，受试者每答对一题算 1 分，最后通过得分核算来了解儿童的知识程度。为了了解中国儿童的发展状况，他还设计了 6 种学力测验和智力测验，通过对 2000 多个学生试验来了解男孩女孩的差异情况。此外，陈鹤琴先生还采用了团体的方法来了解儿童绘画的发展阶段，进而分析中国儿童的心理和特点。

陈鹤琴先生采用测验的方法来了解中国儿童的发展状况，这一点提醒我们要提升做量性研究和质性研究的能力，让自己在研究过程中逐步实现从"方法学习"到"思维方式学习"的转化，提升反思层次，学会在教育实践中发现微小的、具有价值的教育现象，探寻问题的实质，学

会"避免先见"和"保持好奇"。陈鹤琴先生说"做中学，做中教，做中求进步"，我们要实现对他的坚持科学实验研究态度的传承、发展和超越，一定要从"做"开始。

四、"精密观察"是发现儿童的方式

通过长期的实验和观察，陈鹤琴发现儿童的心理有自己的特征。这些特征表现为好游戏、好模仿、好奇、喜欢成功、喜欢野外活动、喜欢合群、喜欢称赞七个方面。儿童有同样的人格，一定要尊重他，把儿童当成学习的主人，不要把儿童当成木头，不要进行"填鸭式"的教育。在与儿童的朝夕相处中，儿童为什么哭，为什么笑，他们喜欢怎样的游戏，他们具有哪些与生俱来的天性，他们在不同的年龄阶段呈现出怎样的成长特征，正是基于"精密观察"这种方式，陈鹤琴渐渐掌握了儿童的成长规律和心理特征。

在观察儿童时，我们需要思考，在儿童对生活世界与知识世界的探究过程中，他们究竟是怎样获得体验，怎样产生想法，怎样进行探究，怎样形成自己的经验、行为习惯、生活态度的，每个儿童以怎样的过程在形成自我的，这些问题都值得去关注，去研究。我们要观察儿童，理解并解读他们的行为、言语、动作、表情、作品等，为他们身心和谐全面发展而努力。发现每一个儿童不是一件容易的事，需要我们用毕生精力去学习，去钻研，去运用，去实践。

发现儿童，发现每一个儿童，发现每一个中国儿童。陈鹤琴先生的伟大在于用毕生的精力推动中国幼教事业的发展，他的思想和实践是巨大的宝库，影响极其深远！看完纪录片后，我们更觉重任在肩。让每一个中国儿童"活泼泼"地成长，我们需要不断学习、传承、实践与创新幼儿教育工作，让中国化、科学化、大众化的幼儿教育道路通向世界的每一个角落！

第三章
陈鹤琴学前教育中国化实践与探索

第一节　清末民初中国学前教育的状况

清末民初，我国学前教育的发展受到外国教育思想、制度的深刻影响。一方面我国学前教育引进日本学前教育的模式，幼儿园保育内容、课程设置受到日本学制的影响；另一方面，欧美的学前教育理论思想如蒙台梭利、福禄贝尔、杜威等教育家学前教育思想传入中国，影响并促进了我国学前教育的发展。

一、清末民初我国学前教育制度发展

清末民初，我国学前教育发展呈现出种种弊端，人们希望通过教育改革实现救亡图存的目的，中国的有识之士不断对学前教育体制改革、学前教育本土化发展进行探索。中国学前教育本土化的探索主要体现在两个方面：一方面我国积极学习西方先进的学前教育制度；另一方面在借鉴外国先进教育理论思想的同时，根据我国的国情对外国教育思想理论进行本土化改造。这一时期我国学前教育制度不断发展完善，其中最主要体现在制度、法规的完善方面：1904 年癸卯学制颁布执行，其中癸

卯学制中《奏定蒙养院章程及家庭教育法章程》是中国第一个学前教育法规。1912 年南京临时政府对教育进行了一系列的改革，颁布了《学校系统令》。1922 年 9 月，教育部召开学制会议，通过了《学校系统草案》，11 月，该制以"大总统令"的形式颁行，名为《学校系统改革令》，被称为壬戌学制。壬戌学制出台了幼稚园制度，明确了幼稚园招收幼儿的年龄为 6 岁以下的儿童。其规定的壬戌学制将幼稚园正式纳入学制体系中，明确了学前教育的独立地位。

二、清末民初我国学前教育机构的发展

1903 年中国第一所官办幼儿园湖北幼稚园成立，后改名为武昌蒙养院。武昌蒙养院是中国最早创办的公立学前教育机构，它聘请日本的园长和保育员，幼稚园完全照搬日本的课程目标、课程内容。1905 年严修创办天津严氏蒙养院，他重视女子教育和学前教育，聘请日本教师，采用日本教材，学习日本办园经验。

壬子癸丑学制中规定蒙养园为学前教育机构。该学制中提出"女子师范学校于附属小学校外应设蒙养园，女子高等师范学校于附属小学校外应设附属女子中学校，并设蒙养园"。蒙养院设置育婴堂，育婴堂目的是救济孤苦无依的儿童，教员是没有接受过专门训练的乳媪。蒙养院专为保育三至七岁幼儿，课程内容为游戏、歌谣、谈话和手技。蒙养院内的教师称为"保姆"，而训练保姆的方法是在敬节堂选一些识字妇女当教员，训练保姆的教材为《孝经》《四书》《烈女传》。

三、清末民初我国学前教育课程历史变迁

清末民初我国学前教育课程历经几次变化，最初我国的学前教育主要学习日本的课程内容，主要课程有游戏、谈话、歌谣、手技四项。随后蔡元培等提出要注重道德教育、美感教育、实利教育等。清末民初，我国学前教育主要模仿日本的学制，照搬欧美等国家学前教育思想，如

蒙台梭利和福禄贝尔的学前教育思想。

四、清末民初我国女子幼儿师范学校产生发展

蒙养院师资培训经历了一个从无到有的艰难过程，受到封建传统文化的影响，当时中国的女子上学不被社会大众接受，尽管1903年湖北幼稚园曾附设女子学堂，招收15—35岁的女子学习幼儿师范课程，迫于世俗的压力，女子幼稚师范学堂办学无疾而终。1907年，清政府迫于形势的压力，颁布《奏定女子小学堂章程》和《奏定女子师范学堂章程》，其中规定"女子师范学堂以养成女子小学堂教习，并讲习保育幼儿方法，期于裨补家计，有益家庭教育为宗旨""教授女师范生，须附女子小学堂教科、蒙养院保育科之旨趣，使适合将来充当教习、保姆之用"。随后中国陆续出现专门培训保姆的机构，如浙江省女子师范学堂保姆科等。女子师范学堂教授保育法、儿童心理学、教育学、修身学、谈话、手工等课程内容，从形式和内容上看，当时的女子师范学堂属于新式学堂。

五、清末民初我国学前教育面临的问题

清末民初，受封建文化以及外国学前教育思想的影响，我国学前教育在逐步发展的同时也存在诸多问题。一是清末民初的学前教育受封建文化影响深刻。正是由于看到当时中国学前教育的弊端，陈鹤琴先生在考察中国学前教育情况的基础上发表《现今幼稚教育之弊病》一文。他形容当时的幼稚园为幼稚监狱，指出当时的学前教育存在太死板，太封闭，功课太简单，教学方式单一等问题。传统的学前教育方式没有尊重幼儿身心发展的特点和规律，将儿童看作"小大人"，社会大众用大人的标准要求幼儿。幼稚园教育的方式机械单一、脱离生活实际。二是学前教育存在"外国病、花钱病、富贵病"三大弊病。陶行知先生在其《创设乡村幼稚园宣言书》一文中指出，中国的幼稚园大多数是外国人

创办的，聘请的是外国教师，教学方式、课程内容、课程设置等都是照搬外国的，且收费高不适应中国幼儿的发展。三是学前教育本土化探索任重道远。中国的幼稚园不普及，能够接受教育的仍然是部分权贵。幼稚园普及化推广有待提升，平民接受教育的数量较少。当时中国教会幼稚园、日式幼稚园占全国幼稚园总数的大部分，中国要发展适合本国国情以及符合中国幼儿身心发展特点的本土化幼儿园任重道远。

第二节　为什么要有学前教育

学前教育是指对学龄前儿童进行的教育。这里的学前教育特指在学校接受的专门的学前教育。中国古代没有专门的学前教育，只有"小学"和"大学"，学前教育多在家庭中进行。我国的学前教育到清末民初时才出现。19 世纪中后期，幼儿园在欧美各国流行。鸦片战争后西方列强在中国进行文化渗透，类似幼儿园的机构（如幼稚园、育婴堂等）在中国开始出现。根据张宗麟在《幼稚园的演变史》中介绍，当时全国已有教会设立的幼稚园六所。① 1903 年，湖北巡抚端方在武昌创办了我国第一所官立幼稚园——湖北幼稚园，这是国人自办的第一所幼稚园，端方聘请三名日本教师任教。② 1904 年，《奏定学堂章程》颁布并施行学制，标志着我国把学前教育纳入国家规划发展的阶段。③

一、办中国的学前教育

清末民初的幼稚园大多是由外国教会办的，老师几乎都是从外国来

---

① 张泸. 张宗麟幼儿教育论集 [M]. 长沙：湖南教育出版社，1985：392.
② 王伦信. 教育家陈鹤琴研究 [M]. 济南：山东人民出版社，2015：116.
③ 孙培青. 中国教育史 [M]. 上海：华东师范大学出版社，2000：344–345.

的，唱的歌是外国歌，孩子们耳目所接，全是西洋的一套。即使中国人自己办的幼儿园，用的也是外国的方法，从形式到内容多抄袭日本和西方国家。儿童在幼儿园不能得到充分活跃的发展，陈鹤琴形容当时的幼儿园就像幼稚监狱，这是陈鹤琴对封闭式幼儿园的批判，是对违背儿童心理的幼稚园的奋力抵制。

1923 年，陈鹤琴创办了中国第一所幼稚实验中心——南京鼓楼幼稚园，开始了学前教育中国化实践探索。他聘请了张宗麟等几位中国教师任教。他们从观察儿童入手，对幼稚园的课程、教学法、玩具、管理，幼稚生的习惯培养等方面进行实验，不断总结经验，梳理出一整套适合中国儿童身心发展的办学思路。陈鹤琴在《幼稚园的课程》中提到，幼稚园的课程"是民族的，不是欧美式的"，课程内容应适应儿童现在的生活，远离儿童生活的内容都不适宜儿童身心的发展。

二、办幼稚园的目标

陈鹤琴先生 88 岁寿辰时题写过"一切为儿童"的话，这是他办幼稚教育的初衷。陈鹤琴认为，儿童教育是整个教育的基础，关系到伟大祖国的命运，也关系到儿童终生的事业和命运。[①] 办幼稚教育是儿童身心发展之所需，是补充家庭教育之不足，是在为国家培养有用之才打基础。

三、办幼稚教育的缘由

(一) 婴幼儿自身成长需要

1. 婴幼儿发展的特点

（1）好动、好玩

婴幼儿生来是好动的。从呱呱坠地，他们便开始拳打脚踢，这是好动的表现。当能爬行，他们就开始摆脱成人限制，设法获取他们想要的

---

① 陈虹.陈鹤琴与活教育［M］.长春：东北师范大学出版社，2010：33－34.

物品；能直立行走时，更是表现出强烈的自主和独立意识，不愿呆在家里，喜欢去大自然玩沙、玩水。有经验的父母会为婴幼儿创设有益的游戏环境，准备适宜的玩具，与婴幼儿一起玩耍。但是，婴幼儿在家庭中还是缺乏玩伴，他们的游戏还需要同伴间的合作。所以，需要幼儿教育机构来解决这些问题。

（2）好奇、好问

对于婴幼儿来说，周围的一切都是新奇有趣的。凡事都要问问"这是什么""为什么会这样呢"等；几个月大的婴儿，听到声音就会转头去看，看到东西就会去抓。当婴幼儿能讲话了，就要问所看的东西，比如三岁以后，"这是什么"的问题非常多；四岁以后，"为什么"的问题迅速增加。婴幼儿的这些表现表明他们具有好奇心。好奇、好问能促使儿童主动去发现问题，探索解决问题的方法，从而提升他们的创造力。

（3）好群体活动

婴幼儿在成长的过程中，除了与家人一起生活，还需要与同龄的伙伴一起玩耍、游戏，同伴交往是他们习得社会生活经验的有效途径。当婴幼儿蹒跚学步，看到有小伙伴在嬉戏，他们会设法加入。随着年龄的增长，要求与同伴共同游戏的欲望越强，这体现婴幼儿好群体活动的特点。幼儿园能为同伴交往提供良好的环境，他们能在这个环境中习得交往的经验。

2. 婴幼儿身心发展之需要

根据婴幼儿好玩、好奇、好群体活动的特点，成人应该为他们提供适宜的环境。幼儿园招收不同家庭的婴幼儿，为他们的同伴交往提供了条件。幼儿园设置体育、绘画、音乐、语言、自然等课程，促进婴幼儿身体、艺术、语言、数理逻辑的发展。区角投放的玩具，教师让婴幼儿自由游戏，能促进他们动手能力、智力和创造力的发展；能让婴幼儿体验愉悦的情绪；能培养婴幼儿分享、合作等亲社会行为，促进他们身心健康发展。

（二）家庭需要

家庭是婴幼儿成长最重要的场所，他们受到家庭的潜移默化影响。因此，办好学前教育离不开家庭的支持，学前教育的发展应与家庭建立紧密的联系。而学前教育对于家庭同样有重要的意义。

1. **为家庭提供便利**

家长把婴幼儿送到幼儿园接受教育，可以留出充足的时间和精力去工作。特别是对于母亲来说，学前教育机构未产生前，他们必须留在家里照顾年幼的孩子。当母亲照顾几个孩子时，将消耗大部分精力和时间，他们没有机会出去工作。幼儿园为家庭提供了照顾婴幼儿的场所。当然，并不是说，有了幼儿园家庭可以不管了，应该是家庭与幼儿园共同照顾婴幼儿。

2. **实施适宜的教育**

幼儿园是专门组织婴幼儿学习的场所，有经过专业训练的老师，有供婴幼儿进行游戏、学习的玩具和材料，有同龄的同伴。教师根据不同年龄婴幼儿的发展特点，有组织地开展各类游戏和教学活动，促进婴幼儿健康、智力、品德、艺术和社会交往能力等全面发展，这些是家庭难以做到的。幼儿园能为婴幼儿提供丰富的学习环境，实施适宜的教育。

3. **为婴幼儿今后的学习打基础**

0～7岁是婴幼儿语言、认知、思维、想象力等身心发展的关键期。在关键期，他们学习的领悟力更强，速度更快，能达到事半功倍的效果。陈鹤琴说，幼稚教育是一切教育的基础。[①] 优质的幼稚教育引导幼儿养成良好的学习、生活、行为习惯，启迪儿童的智慧，锻炼思维能力。因此，幼稚教育是基础教育的基础，我们应该重视。

---

① 陈鹤琴. 怎样做幼稚园教师［M］. 上海：华东师范大学出版社，2013：21.

第三节　学前教育的目标

　　教育是为培养人而人为建构的社会活动系统，是为解决培养什么人和怎样培养人的问题。[①] 教育的过程是教师根据婴幼儿的特点和能力，选择适宜的学习材料，采取适合的方法，达到育人目的的进程。教育的目的是育人，正如斯宾塞所述，教育是为儿童完满的生活做准备。那么，学前教育的具体目标是什么呢？陈鹤琴先生认为至少有四个方面，即学会做人，锻炼强健的体格，开发智力和培养良好的情绪。

一、学会做人

　　做人是教育的根本，学会做人是教育的原点和归宿。教育者们不要把"做人，做中国人，做现代中国人"这句话轻易忽略，这才是教育者终生治学的目的。[②] 当下，教育急于速成，过分强调婴幼儿所要求掌握的知识和技能，却忘记了教人做人的本质，这值得教育者们深思。做人不易，起码要具备几个条件。

（一）合作的精神

　　随着科技的进步，经济的发展，人类社会进入一个有机联系的整体，合作是时代的要求。合作精神是人类战胜万难的根本要素。[③] 幼儿2岁以后，在游戏等社交活动中，开始交流意图和进行复杂的合作活动。[④] 也就是说，婴幼儿的合作意识需要在他们成长的过程中形成，合作行为

---

① 王道俊，郭文安. 教育学［M］. 北京：人民教育出版社，2009：1.
② 陈秀云，陈一飞. 陈鹤琴全集：第四卷［M］. 南京：江苏教育出版社，2008：273.
③ 陈鹤琴. 怎样做幼稚园教师［M］. 上海：华东师范大学出版社，2013：21.
④ 罗斯·D. 帕克，阿莉森·克拉克－斯图尔特. 社会性发展［M］. 俞国良，郑璞，译. 北京：中国人民大学出版社，2014：191.

应该在日常活动中培养。我们可以通过团体游戏培养婴幼儿的合作精神，例如搭建大型积木游戏、接力跑游戏、跳绳游戏等都需要团队成员合作才能达到最佳效果。

（二）同情心

同情心即我们感受到他人所感受到的一种感情。亚当·斯密（Adam Smith）说，"不论你认为人是多么的自私，然而在他的天性里都有着某种天性，这类天性就是怜悯和同情"①。孟子曾说，无恻隐之心，非人也。恻隐之心，仁之端也。同情心是社会和谐，人类幸福的源泉。教育要培养婴幼儿的恻隐之心，当他们看到他人遭遇痛苦和悲伤时会唤起同感，从而伸出援手。

（三）服务的精神

"我为人人，人人为我"是中华民族的美德，我为人人体现的是一种服务的精神。中国经历了半殖民地半封建社会，从积贫积弱的旧中国走向日益强大的新中国。中国人民励精图治，老一辈无产阶级革命者抛头颅、洒热血，牺牲小我换来今天拥有独立主权，领土完整，安定、和谐、繁荣的新中国，如果没有老一辈无产阶级革命家无私奉献的精神，就没有我们现在的幸福生活。因此，我们应该继承前辈们的服务精神，培养儿童服务他人的意识，引导儿童服务他人，帮助他人，为他人着想，唯有这样，人民才会更团结，我们的民族才能更强大。

二、婴幼儿体能目标

（一）锻炼强健的身体

强健的身体对一个人一生的发展和抱负有极其重要的影响，它是实现个人理想和完成重任的前提。一个身体羸弱的人，往往会因为身体吃不消而无法完成工作。

---

① 亚当·斯密.道德情感论［M］.谢祖钧，译.西安：陕西人民出版社，2004：3.

我们期望婴幼儿有强健的身体，首要任务是培养他们养成强身健体的好习惯，习得强健身体的技能。婴幼儿的运动技能有钻、爬、跑、跳、攀、掷、投等，这些运动技能让婴幼儿强健身体，还能锻炼他们的胆量。因此，当婴幼儿开始学爬、走时，成人不宜过度保护，应该给他们练习的机会，让他们钻、爬、跑、跳，锻炼强健的身体。

（二）养成良好的卫生习惯

除坚持锻炼外，成人还应引导婴幼儿养成良好的卫生习惯。婴幼儿卫生意识薄弱，缺乏爱护卫生的技能，成人应该教授他们方法。例如饭前，便后，玩玩具或开展完活动后要洗手；要坚持洗脸、刷牙；勤洗头、洗澡；不随地吐痰，擦鼻涕用纸巾；等等，这些卫生习惯为日常生活细节，虽不起眼，但十分重要。

（三）培养良好的饮食习惯

俗话说"病从口入"，儿童身体强健与健康的饮食习惯息息相关。在陈鹤琴所生活的年代，中国的物质水平不高，健康的饮食主要强调各类营养元素均衡，荤素搭配合理。现代社会，人民的生活水平提高，各类物质资源丰富。但是，物质资源的质量良莠不齐，很多"垃圾"食品涌入市场，如"三无"零食、"毒"奶粉、硫磺熏制食品、劣质饮料等。因此，现在我们为儿童选择食品除注意营养均衡，荤素搭配合理外，还要引导儿童选择健康食品，远离"垃圾"食品，这是保证身体健康的重要因素。

三、开发儿童的智力

智力是指人认识、理解客观事物并运用知识、经验等解决问题的能力，包括记忆、观察、想象、思考、判断等能力。智力开发是锻炼儿童寻找合适的解决问题的方法，是动态的。教师要怎样开发儿童的智能呢？概括起来有这些。

（一）保护婴幼儿的好奇心，培养探索研究的态度

婴幼儿生性好奇、好问，对周围的一切事物有好奇心，有问题都想去问个明白，成人应该保护好他们的好奇心。当婴幼儿发问时，应该用启发的方式引导他们去思考，培养婴幼儿探索研究的态度。例如婴幼儿发现蚂蚁搬家，会问"它们在干什么?""为什么它们要这样做呢?""它们要去哪里呢?"这一连串的问题激发婴幼儿去观察，记录，思考，讨论，探寻问题的答案，这是儿童初期研究行为的表现，成人应该加以引导。

(二) 有丰富的知识

教育的最终目标是让婴幼儿掌握丰富的知识。当然，知识的掌握不是通过机械记忆，而是通过"做中学，做中教，做中求进步"。陈鹤琴鼓励婴幼儿充分利用大自然、大社会的资源，把书本知识与实践操作结合起来，通过实践让知识内化。

四、培养良好的情绪

心理学研究表明，积极的情绪能激发学前儿童的心理活动和行为，消极的情绪抑制心理活动和行为。[①] 学前儿童情绪控制有限，发脾气，哭，发怒等现象常见，幼稚园可以从以下这些方面培养儿童良好的情绪。

(一) 通过欣赏陶冶性情

山川，河流，雄伟的建筑，悦耳的音乐，优美的舞蹈和朗朗上口的儿歌给人美的感受，幼稚生通过欣赏陶冶性情，培养良好的情绪。[②] 例如给正在哭闹的孩子播放他们喜欢听的音乐，他们就会停止哭闹，平静情绪，甚至破涕为笑。

(二) 控制消极情绪

学前儿童控制消极情绪的能力弱，稍有不满意就哭泣、发怒。幼稚园要帮助他们控制消极情绪，培养积极的情绪。培养积极情绪的方式有很多，例如阅读绘本，扮演角色。

---

① 莫秀锋，郭敏.学前儿童发展心理学 [M].南京：东南大学出版社，2016：172.
② 陈秀云，陈一飞.陈鹤琴全集：第二卷 [M].南京：江苏教育出版社，2008：18.

综上可知，陈鹤琴先生从促进儿童良好品德的培养，身心健康，智力开发等方面诠释幼稚园教育的目标，对现代教育具有十分重要的指导意义。

第四节　学前教育的课程实践

为满足经济社会发展的需要，学前教育也在发展的过程中不断进行改革。学前教育的课程是抓好学前教育质量的关键成了学前教育工作者们的共识。因此，抢占学前教育课程改革的高地成了很多幼儿园现阶段主抓的主要矛盾，这一点从关于学前教育的课程理论和课程实践，如田野课程、戏剧课程等中均得到了很好的证明。很多幼儿园如火如荼探索的园本课程甚至班本课程更是把人们对提高学前教育质量的殷切期望体现得淋漓尽致。但是，在高度肯定这些成果的同时，我们也要看到诸如"放羊式""脱离本土的拿来式"极端课程探索模式的不利影响。因此继续学习陈鹤琴在我国本土成功探索并沿用至今的学前教育课程，对我国的学前教育事业具有重要的理论意义和实践价值。

一、陈鹤琴学前教育的课程实践途径

陈鹤琴的学前教育课程的实践，"做"是其核心。他认为儿童的学习和发展，应该是在"做中教，做中学，做中求进步"①。儿童在通过自己动手操作的过程中，获得直接体验和经验，这种直接经验，让儿童印象更深刻，这一点与 M. 希尔伯曼所说的"学习绝不是简单地将信息塞

---

① 陈鹤琴. 陈鹤琴全集：第五卷 [M]. 南京：江苏教育出版社，1989：75 – 76.

入学生的头脑，而是需要学习者自身的心理参与操练"① 观点相似。因此陈鹤琴主张"凡是儿童能够做的，就当让他自己做"②，"无论什么事，空讲是没有用的，必须实地去做"③。我们成人不应该剥夺儿童自己体验的机会，才能更好地促进儿童的发展和成长。当然，陈鹤琴所说的放手让儿童自己去做，绝不是放羊式的，而是要求在"老师的指导下，有目的有计划地进行"④。这样，儿童所获得的经验，才是促进儿童发展的经验。

二、陈鹤琴学前教育的课程实践方法

了解陈鹤琴学校教育课程实践的途径滞后，我们要以何种方法来实施才既满足儿童的需要，又高效促进儿童发展呢？陈鹤琴提出了"游戏法"和"小团体法"。⑤

游戏法。陈鹤琴说："小孩子是生来好动的，以游戏为生命的。"⑥他认为，"在游戏的过程中，儿童的精力集中在游戏身上，从而忘记学习的痛苦，我们就可以利用儿童的这一心理特性，借助游戏的方法把儿童所需要的经验传递给儿童"⑦。这也体现在了现在所倡导的教学理念上，即幼儿园开展的活动应以游戏为基本活动形式。

小团体法。每个孩子都是独一无二的个体，他们的兴趣爱好不同，生长的背景不一，已有的经验不同，因此我们的教育不应该是整齐划一的，假如我们让儿童选区角活动的时候，不能因为个别成人认为益智区对儿童的智力发展较为有利，就强迫儿童都去益智区或者增加益智一类

---

① M. 希尔伯曼. 积极学习：101 种有效教学策略［M］. 陆怡如，译. 上海：华东师范大学出版社，2005：08.
② 陈鹤琴. 陈鹤琴全集：第五卷［M］. 南京：江苏教育出版社，1989：75.
③ 陈秀云，陈一飞. 陈鹤琴全集：第四卷［M］. 南京：江苏教育出版社，2008：37.
④ 陈鹤琴. 陈鹤琴全集：第五卷［M］. 南京：江苏教育出版社，1989：76.
⑤ 陈鹤琴. 陈鹤琴全集：第五卷［M］. 南京：江苏教育出版社，1989：122.
⑥ 陈鹤琴. 家庭教育与父母教育［M］. 2 版. 上海：上海人民出版社，2016：13.
⑦ 陈鹤琴. 陈鹤琴全集：第五卷［M］. 南京：江苏教育出版社，1989：120.

的活动，而忽略个别成人认为作用没有益智一类大的故事类区角或活动。针对这一问题，陈鹤琴提出"小团体法"的教育方法，他认为，幼稚生的年龄是不齐的，智力又各人不同，兴趣又不能一致。所以幼稚园不能够把他们归在一起，叫他们做一种同样的工作。最好分开教学，大的为一班，小的为一班。如此，教学的效果可以增加，儿童的兴趣可以格外浓厚。① 也就是说我们可以根据儿童的不同需要和经验水平采取相应的教育，极大限度地促进儿童的发展。我们当前用的分组教学与小团体法有异曲同工之妙。

三、陈鹤琴学前教育的课程实践步骤

知道了陈鹤琴学前教育的课程实施的途径和方法，具体怎么来落实，我们可以在陈鹤琴的课程实施步骤中找到详细的诠释。首先第一步是"实验"②。这是发现问题的关键，儿童通过仔细地实验和观察，逐步养成发现问题的良好习惯。发现问题后，怎么来解决问题，单靠儿童已有的经验，碰壁的机会总是比较多的，人的直接经验都是有限的，这时，我们就需要间接经验的帮助了，因此接下来就来到了第二步"参考"③。儿童需要大量的阅读，以解决所发现的问题。当然，"书不必要儿童自己读，可由成人读给他听，不然所读的也是有限了"④。找到问题的解决办法后，怎么和同伴分享，这就考验儿童的表达能力了，因此，来到第三步"发表"⑤。怎么来发表，可以编一个木偶戏或故事，或者是童话。一个人看问题的角度是有限的，表达出来后，多听听他人的想法，可以丰富我们解决问题的思路和方法，这就是陈鹤琴说的最后一步"检

---

① 陈秀云，陈一飞. 陈鹤琴全集：第二卷 [M]. 南京：江苏教育出版社，2008：82 – 83.
② 陈秀云，陈一飞. 陈鹤琴全集：第四卷 [M]. 南京：江苏教育出版社，2008：281.
③ 陈秀云，陈一飞. 陈鹤琴全集：第四卷 [M]. 南京：江苏教育出版社，2008：281.
④ 陈秀云，陈一飞. 陈鹤琴全集：第四卷 [M]. 南京：江苏教育出版社，2008：3.
⑤ 陈秀云，陈一飞. 陈鹤琴全集：第四卷 [M]. 南京：江苏教育出版社，2008：281.

讨"①。

　　陈鹤琴的学前教育课程的实施，以"做"为核心的"做中教，做中学，做中求进步"为途径，以"游戏法"和"小团体法"为具体实践方法，以"实验、参考、发表、检讨"为四步的实施步骤，三者是自成一体，相辅相成的关系，实现了其学前教育课程的设想。我们梳理陈鹤琴学前教育课程的实施，学习陈鹤琴在我国本土成功探索并沿用至今的学前教育课程，对当前的学前教育园本课程的开发和探索具有重要的理论意义和实践价值。

第五节　学前教育的课程标准

　　对于课程标准的理解，基于不同的角度理解有所不同，如《教育学基础》中指出，"课程标准是各学科的纲领性指导文件，组织各学科的教学工作，确保不同的教师有效、连贯、目标一致地开展教学工作"。在《基础教育课程改革纲要（试行）》中则认为"课程标准是教材编写、教学、评估和考试命题的依据，是国家管理和评价课程的基础"。以上两个定义都是从大教育的角度来理解课程标准，学前教育是大教育的重要组成部分，这一点在《中共中央 国务院关于学前教育深化改革规范发展的若干意见》中得到了明确肯定，"学前教育是终身学习的开端，是国民教育体系的重要组成部分，是重要的社会公益事业。办好学前教育，实现幼有所育，是党的十九大作出的重大决策部署，是党和政府为老百姓办实事的重大民生工程，关系亿万儿童健康成长，关系社会和谐稳定，关系党和国家事业未来"。由于学前儿童身心发展的特殊性，故又和其

────────────

① 陈秀云，陈一飞. 陈鹤琴全集：第四卷［M］. 南京：江苏教育出版社，2008：281.

他阶段有较大的差异，这一点在陈鹤琴呼吁应建立幼稚园课程标准就可以看出，若没有规定的标准，那儿童的能力、学业、品格等我们都没有一个指标来衡量。

在幼稚园，儿童应该学些什么，哪种年龄应该学到何种程度，这些问题都需要有一个明确的答案。因此，陈鹤琴说，"幼稚园应该要制定评价标准，这样我们就知道，3 岁的孩子说话能力应该掌握到何种程度，他应该掌握多少词汇量，4 岁的孩子、5 岁的孩子、6 岁的孩子呢？各个年龄段，都一定要有一定的标准"，通过标准，不仅可以恰当掌握儿童的发展情况，而且还可以知道幼稚园的办园水平，这符合了他设想的"标准是实行优良教育的依据"的初衷。① 为何陈鹤琴如此重视标准，是因为在陈鹤琴看来，"考察品行，应该有品行的标准；甄别习惯，应当有习惯标准；检验技能，应当有技能标准；测验知识，应当有知识标准"②。通过可视化、可量化的标准，我们就可以知道儿童在哪些方面取得了发展，取得了多大的发展，后续应该怎么来促进儿童的发展。

深受西方"新教育运动"，我国新文化运动，当时国内幼稚教育现实以及我国传统教育弊端等多重影响，在强烈的爱国主义教育情怀的催动下，在 1928 年第一次全国教育会议上，针对我国幼稚园的课程和教材的外来现象和无标准问题，陶行知首次提交了《审查编辑幼稚园课程与教材案》，力求寻找解决当时无本土幼稚园课程和课程标准的问题。会议结束后，陈鹤琴开始组织并参与起草《幼稚园课程暂行标准》。1929年，《幼稚园课程暂行标准》在全国范围内实验。1932 年 10 月颁布了《幼稚园课程标准》。这是我国颁布的第一个学前教育课程标准，它是在立足我国国情的基础上，吸收和借鉴当时世界先进学前教育理念而制定的，对我国学前教育的发展起着至关重要的影响。

《幼稚园课程标准》分别从幼稚教育总目标、幼稚教育课程范畴和

---

① 陈鹤琴. 陈鹤琴全集：第五卷 [M]. 南京：江苏教育出版社，1989：124.
② 陈鹤琴. 陈鹤琴全集：第五卷 [M]. 南京：江苏教育出版社，1989：124.

幼稚教育方法要点三方面作了详细规定。幼稚教育总目标规定：幼稚园的教育是为"增进幼稚儿童身心健康，力谋幼稚儿童应有的快乐和幸福，培养人生基本的优良习惯，包括身体、行为等方面的习惯，协助家庭教养幼稚儿童，并谋家庭教育的改进"①。从总目标可以看出，当时的幼稚园课程标准以儿童的身心健康为基础，着重培养儿童的良好行为习惯。这与我们今天学前教育所用的具有很强的操作性指导作用的文件——《3—6岁儿童学习与发展指南》的中心要旨有异曲同工之妙。《幼稚园课程标准》规定了幼稚园课程的范畴为音乐、游戏、故事、儿歌、社会常识、工作、静息和餐点，这些范畴，来源于儿童的生活，便于儿童获得直接的体验和经验，也可以促进儿童生活经验的增长。《幼稚园课程标准》主要从课程的组织与实施、师生关系等方面共作了十七条教育方法要点的规定，为我们的幼稚教育的具体实践指明了道路。陈鹤琴的学前教育课程标准思想主要集中体现在《幼稚园课程标准》中。教育是人类的教育，在人类社会发展的过程中，教育也应随之而变动。因此，陈鹤琴还组织研究编订了《幼稚生应有的习惯和技能表》。陈鹤琴对学前教育课程标准的探索和制定，对我们当前规范学前教育的发展产生了重要的启发作用，为我们学前教育本土化探索提供了宝贵资料。

第六节　学前教育的教学内容

教学内容主要承担着实现和体现教育目标的作用。既然教学内容如此重要，我们该怎么选择呢？成年人认为好的教学内容，就适合儿童吗？儿童乐意学吗？陈鹤琴在《一年来南京鼓楼幼稚园实验概况》中就回应

_____

① 中国学前教育史编写组．中国学前教育史资料选：全一册［M］．北京：人民教育出版社，1989：230．

了此问题，他说："我国兴办的幼稚园不少，但是没有一个课程，都是宗法西洋成法，不是直接抄福禄贝尔，就是直接抄蒙台梭利，不肯自己加以变化，也不管儿童是否接纳。"《教育大辞典》把课程定义为："为实现学校教育目标而选择的教育内容的称谓。"不管是当时盛行于意大利的蒙台梭利教学内容，还是受到德国追捧的福禄贝尔的教学内容，由于自然人文地理不同，将国外的教学内容直接拿给我国的儿童用，水土不服是必然的结果。深受西方"新教育运动"，我国新文化运动，当时国内幼稚教育现实以及我国传统教育弊端等多重影响，陈鹤琴和许多有识之士一样渴望从教育上，力求从思想上把人民从水火中解救出来。当时已经被迫打开国门的中国，挑战与机遇并存，传统的或外国的教育内容和教育方式与现实社会发展需要之间的矛盾发出需要实用型人才、创造型人才的嘶吼。在这样的背景下，1923 年秋，陈鹤琴开始创办南京鼓楼实验幼稚园，开启了我国学前教育本土化、科学化的探索道路，教学内容就是其探索的关键点。

一、内容来源

（一）大自然

陈鹤琴开启我国学前教育本土化、科学化的探索道路的原因之一就是受我国传统教育弊端的影响，他曾说"旧式的教育是以社会为中心的，新式的教育是以儿童为中心的。以社会为中心的教育偏重社会而忽视儿童，以儿童为中心的教育注重儿童而兼顾社会"①，他在南京鼓楼实验幼稚园的教学内容就是充分体现以儿童为中心的学前教育，他说"该园实施过程中采取某些原则，主要的如幼儿应自由活动和游戏，并在大自然中学习，来代替固定的课程"②。可见，陈鹤琴在我国学前教育本土化、科学化的探索道路之初，提出了学前教育的教学内容来源之一就是

---

① 陈秀云，陈一飞. 陈鹤琴全集：第二卷［M］. 南京：江苏教育出版社，2008：42.
② 陈鹤琴. 陈鹤琴全集：第五卷［M］. 南京：江苏教育出版社，1989：297.

大自然，大自然包括动植物，把大自然间活的东西当作教材，最好不用书本，实在没办法的时候才去用书本的观点。儿童通过与"一草一木"的接触，获得直接的、生动的、形象的经验，这种经验远比传统的死读书的经验效果要好得多，还能培养儿童健康的体格。

（二）大社会

人是社会的人，生活在社会中，必然会受到社会的影响，也要学会在社会中生活，也符合了陈鹤琴的以儿童为中心的教育注重儿童而兼顾社会的观点。所以，他认为学前教育的教学内容，不仅来自大自然，还要来自大社会，这符合了他提出的"活教育"的主张。陈鹤琴主张的新式教育是建立在批判旧式教育过于推崇书本的基础上提出的，他主张"让学生直接去向'大自然''大社会'学习，去向活的直接的'知识宝库'探讨研究"[1]，在人类的真实的生活世界中学习，学会与人交往，培养儿童健康的情绪和人格。

（三）教学来源于生活

学前教育阶段的学习，应根据儿童的身心发展特点，选择与儿童直接经验相关的内容为主，这也就是陈鹤琴所说的"所有的课程都要从人生实际生活与经验里选出来"，因为要让儿童"适应目前生活需要的方法，去达到将来生活中必会出现的事情"。[2] 因此，学前教育的教学内容，还要来源于儿童的生活，为未来的生活做好准备。

鲜活的教学内容，应给儿童真实的生活体验，而不是抽象的、冰冷的知识，才能满足儿童适应目前生活的需要，为培养合格的社会人做好准备。

二、课程内容

学前教育的教学内容来源于大自然、大社会，是现成的东西，但是

---

① 陈秀云，陈一飞. 陈鹤琴全集：第二卷［M］. 南京：江苏教育出版社，2008：279.
② 陈鹤琴. 陈鹤琴全集：第五卷［M］. 南京：江苏教育出版社，1989：41.

绝不是放任儿童去大自然、大社会中随意体验就行的，我们怎么帮助儿童提取经验，怎么促进儿童发展，大自然、大社会的体验各占多少课时，怎么来促进儿童在人格、体格、智力、情绪方面得到发展，都是需要科学合理规划的。为解决这些疑问，陈鹤琴创造性地提出了"五指活动"，即健康、社会、科学、艺术、文学这五大范畴，就像人的五个手指，缺一不可，既相互区别，又相互联系，共同构成一个完整的整体。"这五指活动，相互联系，是有机整体。依据儿童身心的发展，五指活动在儿童生活中结成一个教育的网，有组织有系统，合理地编织在儿童的生活上"①。"五指活动"和"整个教学法"，构成了一个完整的教育体系，以实现学前教育的目标。

三、内容编制

我们知道了学前教育的内容来源，板块的划分，实施的方法，但是怎么让这些内容成体系？我们选的内容儿童不喜欢怎么办？儿童有新发展的感兴趣的事物怎么办？为解决好这些问题，1951 年，陈鹤琴在《幼儿园的课程》中，提出了幼稚园课程编制应该遵循的十大原则，即民族性、科学性、儿童性、现实性、发展性、教育性、大众性、适合性、陶冶性、言语性。幼稚园应把课程提前编制好，然后根据实际情况开展教育，也就是陈鹤琴所说的"幼稚园的课程须预先拟定，但临时可以变更"，这也既是我们现在遵循的原则，同时也反映了儿童喜欢的预设课程和生成课程的关系。

陈鹤琴的学前教育的教学内容，不仅从内容来源，还从内容的编写和实施等方面都进行了详细的实践和经验的传播，当前再次学习，不仅有利于指导当前学前教育日常活动的开展，而且有利于启发当前我们的幼儿园园本课程的开发。

---

① 陈鹤琴. 陈鹤琴全集：第五卷［M］. 南京：江苏教育出版社，1989：613.

第七节　幼儿园环境的布置

幼儿园环境作为一种"隐性课程"，是影响幼儿身体发展、社会性发展及个性发展的重要因素。《中华人民共和国学前教育法》中第五十条提出"幼儿园应当坚持保育和教育相结合的原则，面向全体学前儿童，关注个体差异，注重良好习惯养成，创造适宜的生活和活动环境，有益于学前儿童身心健康发展。"《幼儿园教师专业标准（试行）》中提到"环境的创设与利用"是幼儿园教育工作者的专业能力，幼儿园教师应该能够"创设有助于幼儿成长、游戏和学习的教育环境"。幼儿好模仿，环境能对幼儿起到潜移默化的影响作用。幼儿能够从环境中得到教育，教师要布置环境充实儿童的生活。[①] 陈鹤琴十分重视幼儿园环境的布置，他分别从为什么布置幼儿园环境，怎样布置幼儿园环境等方面做了详细的阐述。

一、为什么要布置幼儿园环境

幼儿生活的场所除了家庭外，学校应该是他们生活时间最长的地方，幼儿园是幼儿从家庭走向社会的入口，起桥梁和纽带的作用。当幼儿从熟悉的家庭环境走向一个陌生的环境，要求这个环境安全、温馨、舒适、有趣、富有挑战等等特点才能吸引幼儿自觉主动地融入。我们要为幼儿创设有准备的环境。[②] 有准备的环境应该是自由、卫生、自然、美观、大方的，要有"艺术的美"，幼儿能从四周的环境得到教育。陈鹤琴从

---

① 陈鹤琴. 怎样做幼稚园教师 [M]. 上海：华东师范大学出版社，2013：145.
② 蒙台梭利. 蒙台梭利幼儿教育科学方法 [M]. 任代文，译. 北京：人民教育出版社，2001：729.

以下这些方面说明环境布置的缘由。

（一）审美的需求

优雅，有秩序的环境给人美的感受，优美的环境能陶冶人的性情，使人心情舒畅。陈鹤琴认为幼儿园的环境，室外应该是绿树成荫，栽种花卉和瓜果蔬菜；室内的环境整齐有序，操作材料丰富，墙面布置挂图、幼儿的作品等。幼儿园室内外环境布置井然有序，让幼儿在这美丽的环境中自由游戏，愉快地学习，能培养他们的审美感，提升审美能力。

（二）科学的环境

幼儿园需要布置一个科学的环境，是因为幼儿生性好奇、好问、好动、好操作。无论他们看到什么东西，都想去摸摸、看看、闻闻，试图弄明白是什么。因此，幼儿园设置区角，投放适合不同年龄段幼儿发展的材料，引导幼儿去操作。户外的绿植、鲜花、虫、鸟等自然物最能唤起幼儿去观察、记录的兴趣。科学的环境有利于激发幼儿自主操作和探索，促进思维和创造力的发展。

陈鹤琴说，幼儿园环境的布置是需要认真研讨的，不是整个墙头挂满了花花绿绿的物品，像新开张的商店；也不是空空如也，单调乏味。幼儿园环境应如何布置，陈鹤琴认为应该从环境布置的原则、材料的投放、室内外坏境布置要点等方面着手。

二、布置幼儿园环境的要求

（一）布置幼儿园环境应遵循的原则

1. 参与性原则

陈鹤琴认为，幼儿园环境布置应该充分调动幼儿的脑和手，让幼儿充分参与。幼儿通过实践操作，能更深刻理解自己与环境的关系，例如让幼儿把自己的作品或工作的照片贴在墙上，把收集的叶子、石头、松果投放在区角，他们会倍加珍惜自己的劳动成果。

2. 更新原则

幼儿园的环境布置应随儿童的发展、主题等要素的变化而变化。例如小班幼儿入园时，教学活动主题是"了解我们的幼儿园"，幼儿园的环境布置紧扣该主题。当学期中，教学活动主题换成了"美丽的秋天"，幼儿园环境布置就应该相应进行变化，让幼儿感受，环境布置是融入幼儿园一日活动的。

3. 高度适宜原则

布置幼儿园环境时，教师要站在幼儿的视角去思考，投放的操作材料应让幼儿方便取放；墙上张贴的图画、作品等应以幼儿视线为标准，不宜过高或过低，以免他们观看时吃力。

（二）幼儿园环境布置的区域

幼儿园环境布置包括室外、室内两个区域。

1. 室外环境布置

婴幼儿生来喜欢玩沙、玩水，观察大自然的花、鸟、虫、鱼等动植物。所以，幼儿园室外环境布置十分必要，它应该包括沙水区、植物角、大型器械区、养殖区等。这有利于吸引幼儿去观察，锻炼他们的专注力和观察能力。在户外环境中，幼儿能自由自主地玩泥、玩沙，释放他们的天性，体验愉快的情绪。这是通过布置室外环境的方式给予幼儿教育。

2. 室内环境

陈鹤琴主张教师与幼儿一起布置室内环境，也可以由幼儿自己来做。同时，室内环境布置与室外环境要结合。例如幼儿可以把在室外自然角中观察到的植物、动物画下来，贴在班级作品展示区；测量、记录植物生长的记录表可以作为数学活动的素材。总之，室内环境创设可以选择的素材很多，教师要鼓励幼儿多参与，勤思考，把环境创设与一日活动有机融合。

（三）幼儿园环境布置材料选择

1. 自然物

自然物经济、易得，特别是对于农村幼儿园，应该充分利用大自然的资源。同时，自然物可塑性强，幼儿充分发挥自己的想象，可以把收集的自然物变换各种玩法。例如，收集的鹅卵石可以用来涂色，分类，比较大小，垒高等。幼儿的想象力丰富，自然物能激发他们的创造力。

2. 废旧物品

废旧物品经过适当改进加工，同样能成为幼儿的玩具。例如废旧纸盒可以做小房子、小汽车、棋盘等。

3. 展示儿童的成果

陈鹤琴建议，要把幼儿的成绩布置在室内环境中，例如幼儿的绘画作品，纸工、泥工、木工作品都要陈列在作品展示区。当幼儿看到自己的成果时会十分开心，这也能鼓励幼儿上进。

总之，我们要把幼儿园变成幼儿的乐园，就应该引导幼儿做好环境布置，激发幼儿去感受美和创造美。

第八节　玩具与学前教育

《儿童游戏与玩具》是陈鹤琴关于儿童游戏和玩具的思想专著，该书汇集了《陈鹤琴教育文集》《陈鹤琴全集》等诸多著作中有关儿童玩具的内容，系统地展现了学前教育中玩具的价值与使用方法。

《儿童游戏与玩具》主要对玩具的历史发展演变和价值体现，玩具与儿童身心成长之间的关系，利用玩具的教育方法，玩具的选择以及各名家新教育的玩具等方面内容进行了介绍。

陈鹤琴在儿童玩具的遴选考量中，始终坚守着对适应儿童身心发展且蕴含中国特色玩具的高度重视与优先择取原则，并广泛借鉴民间传统艺术（例如传统木偶戏），而对于外国玩具艺术的学习，也是提倡在改进和创新基础上的运用，例如国外双人木马和南洋皮影的引进和改革创新运用。彩色竹圈、滑梯、三轮脚踏车、积木、拖拉玩具、小推车、沙箱、螺旋盘、娃娃床、益智盘等诸多玩具的做法和玩法，都是陈鹤琴深入研究的方向和重点。陈鹤琴最初入手的木偶戏折射出了陈鹤琴的玩具教育思想：凡是儿童感兴趣的玩意儿，都可以进行事宜方式的革新，成为孩子思想教育的资源，成为教育的利器。陈鹤琴秉持符合国情及时代的儿童玩具观。

陈鹤琴玩具教育思想深植于丰富多元且扎实稳固的实践土壤之中，其开展玩具教育实践主要经历了四个时期：成立鼓楼幼稚园之后从事儿童玩具工作的制作和研究，并积极推广经验到全国教育界进行传播；创办了我国第一个儿童玩具工厂——"民众工作合作社"；20 世纪 40 年代，陈鹤琴先后到江西和上海创办幼稚师范学校和幼稚师范专科学校时，指导当时规模很大的大华玩具厂；中华人民共和国成立后，担任南京师范学院校长时，继续研究幼儿教育和进行儿童玩具的研究。

陈鹤琴的玩具教育思想主要秉持泛玩具观，认为只要是儿童在生活中看到的、听到的、接触到的，都可以统称为玩具，这种玩具不只是玩具店所售卖的成品玩具，大自然也是儿童的玩具宝库。因此，亲近大自然，到大自然中去接受"活"的教育，自然地运用到了陈鹤琴的玩具教育思想。孩子的户外活动，野外探险都可以是探索玩具和发现玩具的良好途径。作为老师和父母，应该尽可能利用周围的一切资源，帮助儿童认识自然及其内在规律，从孩子感兴趣的周围一草一木，花鸟虫鱼以及植物的四季变化等自然现象出发，亦可以开发和创造玩具。例如对鱼的观察和解剖，也是一种游戏的表现形式。

陈鹤琴倡导玩具应具备科学性、教育性、趣味性，强调玩具应源自生活，提倡"活玩具"理念，重视强健身体的功能与教育价值，并偏好采用木质材料，确保构造坚固耐用。科学性要求家长和教师依据儿童身心发展特点进行有针对性的玩具选择；教育性是指玩具要能够激发儿童的自觉性和活力，在主动的行为中促进儿童的全面发展；趣味性则从玩具的吸引力入手，要使儿童有一个长时间的注意力保持状态，反对"三分钟热度"形式的儿童玩具，这种没有"深度"的玩具往往存在吸引儿童的注意时间短暂的特点，往往经过孩子的简单摸索研究之后快速地失去其新颖性而降低儿童的兴趣和探索欲望。因此，趣味性和深刻性是玩具应该具备的特点。

陈鹤琴研究儿童玩具，注重玩具和年龄的匹配性，提出玩具与儿童年龄要适配。他认为孩子的每一个年龄阶段就应该配有与相应阶段相匹配的玩具和游戏。因此，他鼓励设计适合各个年龄特征的玩具，并以"活"的方式自己动手设计和改造玩具，例如幼儿喜爱的水枪、弓箭、风筝、布娃娃等都可以通过自做方式就地取材来创造，其间家长和教师带领儿童制作玩具，这个过程本身就是"活"的教育，这种自制玩具成本低，保留着民族特色，且体现了孩子的主动性以及发挥了教师和家长的指导、参与作用。

陈鹤琴赞同陶行知的批判，支持严厉打击儿童玩具市场的三大弊病：外国病、花钱病、富贵病。他主张制作符合儿童生理和心理的玩具，认为西洋玩具应使之中国化之后，才可以拿给中国孩子用。

在对玩具的改造方面，陈鹤琴主张三大依据：一是对儿童心理研究成果在玩具中的运用；二是对传统玩具的批判并吸收，取其精华去其糟粕。三是可以适当借鉴国外的玩具，并对其进行中国化的改造。

陈鹤琴在玩具设计方面主张：利用当地资源，就地取材；坚持经济性原则；侧重玩具的教育性；注意玩具对儿童游戏兴趣的激发；融会中西。

陈鹤琴玩具教育思想的长效性。陈鹤琴玩具教育思想在21世纪的今天仍然适宜儿童且值得推广，利用陈鹤琴儿童玩具理念设计的玩具，有很多到现在仍为幼儿所喜爱，是陈鹤琴先生为后代留下的珍贵财富，亦是他毕生从事幼儿心理和教育教学研究得出的丰硕结果。

陈鹤琴的玩具教育思想与学前教育之间存在着紧密的联系。具体而言，这一思想不仅与课程思想相互启发、相互支撑，还共同构成了"活教育"思想的基础,三者关联,互为依存。在幼儿课程的研究与实践领域,玩具探索研究提供了有力的支撑,同时,幼稚园课程中国化、科学化的深入探索,也进一步推动了玩具研究的深化发展。陈鹤琴提倡在课程实施中灵活运用"游戏教学法"和"暗示教学法"来教育幼儿,而这些教学策略的有效实施,离不开丰富多样的玩教具设备作为基础。由此可见,玩具教育思想是陈鹤琴幼儿教育思想体系中一个不可或缺的重要部分。

第九节　陈鹤琴的游戏观

陈鹤琴"活"教育思想来源于他对学前儿童身心方面深入的研究和探索,陈鹤琴总结出了学前儿童八大年龄特征:好奇、好动、好模仿、好游戏、好成功、好户外运动、喜欢群体、喜欢被称赞。其中,儿童喜欢游戏就是八大年龄特征之一。陈鹤琴认为,游戏是幼儿园教育教学活动中不可或缺的重要方式,儿童的生活中充满了游戏。这表明游戏对儿童来说具有极其重要的地位。游戏,是集兴趣、自然、活动运动于一体的激发幼儿兴趣和积极性的活动。在游戏的过程当中,儿童会不知不觉地将自身全部精力投入游戏中,专注进行活动,在这个过程当中得到筋骨的锻炼,促进血液循环,增加肺活量,促进身体更加健康。陈鹤琴认为儿童喜欢的游戏主要集中为以下几种:

第一,集体性游戏。陈鹤琴研究得出的学前儿童八大年龄特征之一即为幼儿喜欢群体。陈鹤琴特别强调群体游戏对于儿童社会性发展的重要推动作用,"两三岁内的儿童,固然能够独自玩耍,但更喜欢与同伴共同玩耍"。独立游戏玩耍在儿童个性发展方面也有很大的促进作用,但是与集体活动游戏相比,集体同伴游戏更能够满足幼儿社会性发展和社会道德发展的需求。集体同伴游戏成为既让幼儿喜欢，又能促进幼儿社会性发展的不可或缺的游戏类型。

第二，户外游戏。幼儿喜欢户外游戏，尤其是野外郊游，在空旷的草地上奔跑，采野花，放风筝。他们通过基于实践的活动和感触获取直接经验促进成长。

第三，提供"活"玩具的游戏。陈鹤琴对于儿童玩具进行了很形象的概括："儿童喜欢'活'的玩具和玩物。"他认为"活"的玩物一定是避免死板、刻板而充满灵活性，能长期保持儿童兴趣的玩具，形式简单的玩具不一定就不是好的玩具，例如中国的传统玩物：皮球、积木、毽子、风筝、皮筋等都属于"活"的玩物，不仅可以用拍、打、扔等多种方式进行活动，且玩法多样，能够激发儿童的创造性和积极性。此类型玩具属于开放性玩具，也是儿童最喜欢的玩具。相比开放性玩具来看，封闭式玩具使儿童很快失去探索玩具的兴趣，这种玩具往往只有固定的操作方法，限制儿童的探索和创造性思维的发展。因此，陈鹤琴提倡使用形式简单，能够积极吸引儿童兴趣，玩法多样的"活"玩具。

第四，儿童户外游戏要穿合适的服装。陈鹤琴多年的研究和分析，对于儿童身心健康发展的方方面面有了更多、更细致的了解和分析研究。户外游戏活动虽没有固定的着装规定，但陈鹤琴从儿童身心健康成长的角度出发，提倡应该穿既舒适又便于活动的服装来开展户外游戏活动。陈鹤琴提倡幼儿穿运动服上学，反对看起来好看但限制儿童自由活动的紧身的漂亮衣服，赞同幼儿园实行幼儿园服制度，反对家长以保护衣服的干净为理由，限制儿童玩沙、玩水、玩泥巴的行为。

陈鹤琴认为教师在为儿童开展游戏活动时应该遵循如下原则：第一，将生活与游戏相结合，在游戏中体验生活。在游戏中体验生活，可以增长儿童的见识，正确认识生活中的一些事物。例如通过"过家家"游戏，儿童能在如何做饭，如何带孩子，如何保持家中卫生清洁等游戏的过程中体会父母亲的辛苦。游戏是幼儿快速成长的重要渠道。第二，按照年龄特征提供适合的游戏和玩具。因年龄差异的存在，儿童所喜欢的玩具类型各不相同。积极对不同年龄阶段的儿童进行研究，根据喜好提供适合儿童的玩具，能够对儿童成长起到推动作用。第三，创造团队游戏。个人成长需要安静的环境以促进自我认识的提高，但更需要的是建立团队意识，促进社会性行为以及培养团队合作精神。在儿童游戏的过程当中，教师要积极培养儿童的同伴合作意识，引导儿童互相帮助，共同成长，提高做事效率，体会团队的力量。第四，动物是儿童的好伙伴。很多孩子喜欢可爱的动物，为了培养孩子的爱心、同情心，可以将兔子、小狗等作为儿童的小伙伴，儿童通过照顾小动物来培养爱心，能被小动物的性情影响，得到心灵上的慰藉。对于独生子女来说，养小动物还能让自己摆脱孤单，更加健康地成长。第五，用音乐增强游戏的有趣性。音乐能够增加节奏感，增强游戏的趣味性，也深受儿童的喜欢。教师要学会选择适合儿童的音乐，并将其与不同游戏搭配使用，从而增强游戏的趣味性。音乐能增加游戏的吸引力，增强儿童的兴趣，促进儿童身心愉悦。第六，父母参与游戏至关重要。陈鹤琴认为父母应该适时忘记自己的年龄，放低姿态，放下身份，积极参与到儿童的游戏当中，扮演他们在游戏中的角色，成为孩子游戏中的成员。通过这种方式，孩子会更加开心，游戏会更加有趣，还能够更好地树立孩子的自信心。第七，在游戏中渗透教育。游戏即学习和成长，游戏是儿童最喜欢的活动，作为教师要利用好游戏的这一优势，利用游戏来引导儿童的行为和动作，促进行为和动作的协调和发展。教师通过合理安排和设置游戏，来促进孩子行为习惯的养成。儿童在游戏过程当中，潜移默化地受到熏陶和影响，加之是自己喜爱的方式，其对于在游戏中所学习到的内容印象更加深刻。因此，教师和家长应该尊重儿童的成长规律，不要怕孩子弄脏衣服，大胆地鼓励孩子探索周围世界，发现有趣的事物，创新玩具玩法，促进儿童在玩的过程中获得科学知识，促进儿童身心健康发展，帮助儿童积极养成良好的习惯。

第十节　生活化的幼儿音乐教学

陈鹤琴先生是中国著名的儿童教育家、儿童心理学家，现代幼儿教育事业的开拓者和奠基人，他一生热爱儿童，在幼儿教育领域做了大量的理论探索和实践研究，为我国的幼儿教育积累了丰富且宝贵的经验和财富。在陈鹤琴先生的教育生涯中，他对儿童的音乐教育极为关注，认为音乐教育在儿童成长与发展的过程中占有重要位置。

一、音乐对儿童发展的重要价值

陈鹤琴非常重视儿童的音乐教育，并认为音乐教育对幼儿的发展有重要的价值。陈鹤琴在创办南京鼓楼幼稚园时，便将音乐作为儿童教育的重要内容。陈鹤琴认为，喜欢音乐是儿童的天性，儿童的木能，是儿童成长过程中不可缺少的一种感情活动。在《世界儿童节奏集》一书的卷首语中，陈鹤琴写道："世界各国的儿童，没有一个不喜欢唱歌，不喜欢舞蹈的！"说明儿童在幼稚园中不仅要学习做游戏，还要学习唱歌，练习乐器和欣赏音乐。

陈鹤琴在《让儿童生活音乐化》一文中他也指出："音乐是儿童生活中的灵魂。生后几个月的小孩，他会听母亲哼着催眠曲而恬静地入睡；再大一些，更喜欢听各种优美的声音；两三岁时，能用手脚伴随着音乐做着节奏动作。进了幼儿园，他对于音乐的需求范围更来得广大，喜欢听优美悦耳的音乐，常常不由地随着乐曲哼着、唱着、跳着。到了小学阶段，他更知道怎样利用他那天赋的歌喉和节奏的能力，而参加各种音乐活动。我们知道，大凡健康的儿童，无论是游戏、走路或是休息，都本能地爱唱着歌，表现出音乐的律动。"① 可以看出，陈鹤琴先生对儿童音乐教育的重视，并强调要用音乐来丰富儿童的生活，培养儿童的意志，陶冶儿童的情感，使儿童能够表现真实的自己，从而促进儿童创造性的发展。

陈鹤琴认为，要让幼儿从小就能够受到音乐的熏陶，无论是幼稚园，小学，还是中学，都应该重视儿童的音乐教育。陈鹤琴曾说道："幼稚园为满足儿童的欲望起见，就应特别注重音乐，以发展他们的欣赏能力，养成他们歌唱的技能。"② 他认为"小孩子学音乐，要从小学的；世界上的音乐家，可以说没有一个不是从小学起的，就是普通的小孩子，要学音乐，也必须从小学起；大时学起来，是学不好的"③。

二、倡导生活化的音乐教育

陈鹤琴认为，环境对儿童的发展有着潜移默化的教育作用。因此，要培养儿童欣赏音乐的能力，良好的音乐环境是儿童在日常生活与学习的过程中持续受到音乐的熏陶和教育的重要条件。陈鹤琴在《为儿童营造良好的环境》一文中写道："如若他所居的环境是很优美的，所听见的音乐是很好的，他就不知不觉地很高兴地唱起来。他看见美丽的图画，他也来画画看。他看见别人说话文雅，走路轻快，他也会慢慢儿说话文雅，走路轻快的。"④ 在《我们的主张》一文中，陈鹤琴也写道："若是儿童生来虽然喜欢音乐，但是环境没有什么音乐的表现以适应他们的欲望，这怎样能够发展音乐才能呢?"⑤ 在《怎样做人民的幼稚园教师》一

---

① 陈秀云，陈一飞.陈鹤琴全集：第四卷［M］.南京：江苏教育出版社，2008：345–346.
② 陈秀云，陈一飞.陈鹤琴全集：第二卷［M］.南京：江苏教育出版社，2008：80.
③ 陈秀云，陈一飞.陈鹤琴全集：第二卷［M］.南京：江苏教育出版社，2008：640.
④ 陈秀云，陈一飞.陈鹤琴全集：第二卷［M］.南京：江苏教育出版社，2008：637.
⑤ 陈秀云，陈一飞.陈鹤琴全集：第二卷［M］.南京：江苏教育出版社，2008：80.

文中也写道："伟大的音乐家、画家和诗人，都是对自然的美具有深湛的欣赏力，以高超的技术，将自然的形态和声音描写得淋漓尽致。这种欣赏力从哪里来呢？当然要有适当的环境来培养的。"① 从陈鹤琴的诸多观点可知，陈鹤琴非常重视儿童音乐才能的培养，并认为要培养好儿童的音乐才能，环境的熏陶与潜移默化的教育作用是极为重要的。

陈鹤琴认为："我觉得现在还有些学校在实施音乐教学中有与生活脱节的现象……我们要将音乐的生气和兴味，渗透到儿童生活中去，使儿童无论在学习、游戏、劳动时，都能有意志统一、行动合拍、精神愉快的表现，使儿童生活音乐化。"② 陈鹤琴先生倡导要将音乐融入儿童的生活与学习的全过程，并且要将儿童的生活音乐化，从而丰富儿童的生活，陶冶儿童的情操。如何做到儿童的生活音乐化，陈鹤琴指出，首先是教材的选用。最优良的材料是取自儿童的生活经验。此外，要对儿童进行音乐欣赏的指导。为了达到音乐教学的重要目的，还必须从培养师资着手。③ 因此，要培养好儿童的音乐才能，环境因素尤为重要，尤其是生活化的音乐环境。

三、音乐教育思想与"活教育"思想

陈鹤琴的音乐教育思想是他在音乐教育实践与研究的过程中逐渐形成和发展的，对儿童进行音乐教育，是"活教育"思想的重要内容之一。

（一）音乐教育思想与"活教育"思想的目的论

"活教育"思想的目的论强调，要培养儿童"做人，做中国人，做现代中国人"。陈鹤琴认为，音乐教育对儿童的身心发展、情感培养等方面均有重要作用，他还提倡用音乐来唤起人们团结一致、爱国向上的精神。陈鹤琴曾写道："要找一个大家能唱的歌曲也找不出来，甚至于

---

① 陈秀云，陈一飞．陈鹤琴全集：第二卷 ［M］．南京：江苏教育出版社，2008：440.
② 陈秀云，陈一飞．陈鹤琴全集：第四卷 ［M］．南京：江苏教育出版社，2008：345–346.
③ 陈秀云，陈一飞．陈鹤琴全集：第四卷 ［M］．南京：江苏教育出版社，2008：346.

连一个国歌也不能普遍的会唱。在这种情形之下，个人的情感、团体的精神如何可以充分地表现出来呢？所以为满足儿童个人的欲望需要计，为唤起团体爱国的精神计，我们不得不特别注重音乐这一科。"① 因此，音乐教育不仅能够培养儿童欣赏音乐的能力，还能培养儿童团结、奋进、爱国等道德品质。

（二）音乐教育思想与"活教育"思想的课程论

"活教育"思想的课程论强调，儿童教育内容应该来源于大自然和大社会，并强调"大自然、大社会都是活教材"，要求幼稚园的教师应该充分利用儿童周围生活中熟悉的、感兴趣的自然现象、社会环境对儿童进行教育，让儿童了解生活、了解自然，从而积累经验，获得发展。对于儿童的音乐教育，陈鹤琴也主张要从大自然和大社会中去选择儿童音乐教育的内容，使儿童的音乐教育生活化。陈鹤琴强调："应将学校音乐、家庭音乐、社会音乐熔于一炉，使儿童生活在音乐之中。"他建议："可与其他科目相结合。例如语文课，可选用文中诗词谱曲；地理课，可根据课文所讲的地域，选用各地的民歌；其他如劳动、体育等，更可与音乐密切结合。总之，音乐应当反映儿童丰富多彩的生活。"②

（三）音乐教育思想与"活教育"思想的方法论

"活教育"思想的方法论强调，要按照在"做中学，做中教，做中求进步"的要求去培养儿童，强调实践在儿童学习中的重要性。儿童是好游戏的，好音乐是儿童的天性，因此，幼稚园教师在对儿童进行音乐教育时，应该用游戏的方式来进行，把游戏与音乐融为一体进行音乐教育，并综合运用语言、表演、舞蹈、体操等儿童感兴趣的活动方式，融音乐与活动于一体，让儿童在"做中学"，在"动中学"，进而给他们自主探究问题寻求答案的自由和空间。

---

① 陈秀云，陈一飞. 陈鹤琴全集：第二卷［M］. 南京：江苏教育出版社，2008：80 – 81.
② 陈秀云，陈一飞. 陈鹤琴全集：第四卷［M］. 南京：江苏教育出版社，2008：346.

第十一节 教师素养和修养

《陈鹤琴全集》（第四卷）中对怎样做一个理想的教师做出了明确的界定，陈鹤琴先生认为，如今的教育教学工作者，身负重担，不仅仅是一个儿童的教师，也是一个社会的工作者和自然的改造者，社会对教育工作者的要求越来越高，教育工作者应该具备的能力要求也越来越多，不仅要满足最基本的身心健康的条件，同时还要拥有广泛而正确的知识，要勤学、乐学，跟随时代的发展不断更新自己的知识内容，更好地为学生实施更加符合社会发展的教育理念和知识内容。教师应该学习哲学，用哲学的思想来健全自己的思想和工作态度；应该学习政治、经济、社会、历史等相关知识来补充自己的知识体系，用这些知识来丰富教学内容，同时也可以明了现实世界的趋势变化和趋向，了解社会现状，对生活的环境有更深入的了解，形成现代化、中国化的新教育思想和理念；应该了解大自然，学习自然科学知识，以不同的角度了解大自然的奥秘和规律，形成正确的自然观，为实施更深刻的教育打下坚实的基础。陈鹤琴认为一位理想的教师首先应该具备最基本的三个条件：

一、要有健全的身体和健康的心理

作为一位理想的教师，只有有了健康的身体，才能保障教育的顺利进行，才能实施更好的教育。教师怎样立，教师怎样走，小孩子全都看在眼里并将教师作为模仿的对象。教师是孩子的榜样，不但在课堂上如此，就是在课外也如此。教师身体的健康情况，会成为影响其情绪的一大原因，一个人只有有了好的身体，才能得到快乐，如同小孩子只有身体好了才会常常蹦蹦跳跳快快乐乐一样。

心理健康决定着教师说话的措辞以及说话发音的水平。过高的声音会刺激孩子常常处在激动状态，过分刺激神经导致孩子过于紧张而影响孩子健康，而健康、正确的措辞才会正面影响孩子的感受和心理。

二、要有爱孩子的心肠

爱心是教师应该具备的最基本素养。教师对儿童要一视同仁，不能带有偏见，要将孩子视作自己的孩子一般，孩子感受到了来自教师的温暖，自然就会和教师建立良好的师生关系，这也在树立孩子自信心方面起到巨大的推动作用。教师要以朋友之心积极了解学生的心理，根据年龄特点来进行教育内容的选择和授课。

三、教师应该进行积极的研究

教师教书的对象是复杂而充满创造性和可育性的，教师在日常教学过程当中一定要积极地研究教科书，研究教学方法，研究教书对象。还要随时随地观察世间万物，进行积极的研究，细心地观察，随机应变，积极进行创造和改变，发现原材料的可塑性，发现生活废品的利用价值并创造价值，将生活中的材料和资源变成课堂教学教具和资源，帮助教学内容的开展和实施，使来自生活和大自然的资源变成教材内容。这种内容更加贴合学生生活实际，更加能够吸引学生的注意力。

教师应该将"教死书，死教书，教书死。读死书，死读书，读书死"的状况改变为"教活书，活教书，教书活。读活书，活读书，读书活"。

教师不断加强理论知识的学习，并不只是单单以武装自己的思想为目标来进行的，其主要目的是促进教师自身形成正确的理论知识和态度，树立坚定的信念，建立完备的认知体系，并将这些知识、能力和态度积极转化成为教育对象的知识和态度；其最终目的是促进学生的发展和进步，促进学生形成和树立健康的价值观，拥有正确的知识和态度，形成健康的心理。

除此之外，陈鹤琴认为幼稚教师应该具备如下品格：第一，对于琐事的兴趣和关注。琐碎事件往往包含学生最关心的事物和东西，更能反映学生心理需求和倾向。第二，对儿童的兴趣。对儿童感兴趣，同时对儿童感兴趣的事物感兴趣，可以更好地帮助教学工作的开展。第三，明慧的忍耐心。耐心是教师应该具备的最基本的素质之一，是建立师生良好关系的基础。第四，清晰的头脑及和蔼的性情。清晰的头脑是教师教育教学内容清晰，步骤明晰的重要基础，教师用清晰的逻辑步骤教学能够促进儿童认知的发展和逻辑思维的建立。

教师要掌握这些教育教学方法：第一，要积极了解教学的基本原则是建立在"做"的基础之上。第二，教学方法要灵活多变，将理论与实践相结合。第三，尊重个体差异，明了每个孩子的优点和缺点。第四，建立良好的师生关系。第五，丰富自己的学习经验，并在教学中选择适合教学的学习经验来促进教学。第六，利用大自然、大社会中的资源建立"活教材"，进行"活教育"。第七，能运用学生喜欢的语言、教育工具来表达教育思想和涵义。

第十二节　关于识字教学

在幼儿阶段能否进行识字教育，是 20 世纪初教育界争论的热点问题，虽然争论的观点不一，争论越演越烈，但这样的争论与实践却不断推动了中国幼教事业的蓬勃发展。针对这一问题，早期的教育界各有说法，归纳起来主要有两种不同的观点，即反对和赞同。

一、反对在幼儿阶段进行识字教育的观点

持反对意见的学者认为，幼儿的年龄尚小，其身心发展还未成熟，识字对于幼儿来说是一件极为复杂之事。提前教授幼儿识字不仅会影响幼儿的身心健康发展，而且还会损害幼儿在未来学习过程中识字的积极性和主动性。

例如，清政府在 1904 年正式颁布并实施的《奏定蒙养院章程及家庭教育法章程》中就明确写道："保育教导儿童，当体察幼儿身体气力之所能为，心力知觉之所能及，断不可强授以难记难解之事，或使为疲乏过度之业。"[①] 这说明当时的清政府对幼儿的教育与身体健康极为重视，并且认为教授幼儿的学习内容应该是他们力所能及之事，而复杂的"识字"对于幼儿来说已经超出他们的能力范围。1916 年 1 月 8 日颁布的《国民学校令施行细则》中也明确指出："幼儿之保育，须与其身心发达之度相副，不得授以难解事项及令操过度之业务。"[②] 这也说明幼儿的学习任务应该符合其身心发展特点，要避免教给幼儿晦涩难懂的内容，不能揠苗助长。1939 年 10 月颁布的《幼稚园规程》中明确规定："幼稚园对于儿童应顺应其个性，依照其身心发展之程序，施以适当之保育，不得授以读书写字等类于小学功课之事项，或使为过度之工作。"1943 年，国民政府教育部在《幼稚园规程》的基础上进行修订，并颁布了《幼稚园设置办法》，但其中关于幼儿识字教育方面的观点并未进行调整。

中华人民共和国成立初期，教育部明确反对幼儿园对幼儿进行识字教育。例如 1951 年出台的《幼儿园教学暂行纲要》中规定，幼儿园教育的原则之一是不进行识字教育；1952 年教育部颁布的《幼儿园暂行规

---

① 中国学前教育史编写组．中国学前教育史资料选：全一册［M］．北京：人民教育出版社，1989：93 - 96.

② 中国学前教育史编写组．中国学前教育史资料选：全一册［M］．北京：人民教育出版社，1989：225.

程（草案）》中进一步规定，幼儿园既不进行识字教育，也不举行各种测试；1954年教育部、出版总署发布了《〈关于出版中学、小学、师范、幼儿园课本、教材、教学参考书和工农兵妇女课本、教材的规定〉的指示》，进一步规范幼儿园的教材，限制了幼儿园进行识字教育，同时也防止幼儿园的出版物"小学化"。改革开放以后，政府高度重视幼儿园教育的"小学化"现象，从1979年到2018年，教育部先后颁布的多项文件中可以看出，教育部旗帜鲜明地规范幼儿园识字教育，并整治幼儿园教育的"小学化"倾向。因此，持反对意见者既看到了幼儿教育要符合幼儿身心发展的特点及规律，也看到了不恰当的识字教育会影响幼儿的成长与发展。

二、赞同在幼儿阶段进行识字教育的观点

持赞同意见的学者则认为，幼儿阶段是人一生中身心发展极为快速和关键的阶段，在这一时期，恰当的识字教育不仅不会危害幼儿的身心发展，反而会促进幼儿认知的发展，对幼儿今后的成长与发展极为有利。陈鹤琴先生作为中国著名的儿童教育家、儿童心理学家和现代幼儿教育事业的开拓者和奠基人，对幼儿阶段能否进行识字教育有自己独到的见解。1923年，陈鹤琴先生在南京家中开办了著名的南京鼓楼幼稚园，并开始了"读法"教学试验，这里的"读法"其实就是指"识字"。著名幼儿教育家张雪门先生通过对幼儿的观察研究并发现，某些幼儿在3岁左右便能认识100多个汉字，因此，张雪门认为幼稚园阶段的幼儿是有识字的可能性的，为此，张雪门专门设计了一个实验进行研究，结果表明：对于六足岁的幼儿一定要教其识字，对于五足岁幼儿的识字教学可以但不是必需的，而四足岁幼儿对此是"比较的不需要和可能，便是不教也好"。1928年5月，陈鹤琴与张宗麟合著的《幼稚园的读法》一文发表在《幼稚教育丛刊》上，文中明确写道："十年以前，'幼稚园应否

有读法'的问题争论得很厉害。到现在差不多一致主张幼稚园可以有读法了。在理论方面固然有根据，在经验上也显出有这个活动的必要，最近许多试验的结果都报告幼稚园可以有读法的，所以我们敢断定幼稚园里可以有读法的。"① 陈鹤琴也列举了"幼稚园里可以有读法"的四个理由，如理由之一便是"读法和语言差不了多少，没有一个孩子不喜欢听歌谣、唱歌谣的，也没有一个儿童不愿意学话的"，虽然陈鹤琴先生认为"幼稚园里可以有读法的"，但他也强调"幼稚园的读法，既然为着儿童的需要而加，那么就应该适应儿童的需要而教"，② 并不是一味地将学习内容强加给幼儿，而是要顺应幼儿的喜好及身心发展特点。而对于教法，陈鹤琴经过南京鼓楼幼稚园和燕子矶中心幼稚园的实验，以及南京各幼稚园的测试，最为推崇游戏法和故事法。从陈鹤琴的观点中可以看出，早在 1928 年陈鹤琴就认为幼儿园是可以进行识字教育的，并且也强调了识字教育是幼儿教育的重要内容。

1956 年，陈鹤琴在《南京师范学院校刊》上发表的《幼儿园应该进行识字教育吗?》一文中指出："幼儿园识字教育问题是一个迫切而重要的问题。"③ 在文中，陈鹤琴先生赞同当时教育部幼儿教育处处长张逸园关于"幼儿园不是小学""识字乃是小学的任务"等论述，但陈鹤琴反对"幼儿园不进行识字教育"的说法，陈鹤琴先生认为"语言文字是发展儿童思维的重要工具，为了满足儿童求知的需要，为了发展儿童的思维，我国幼儿园必须对大班儿童进行识字教育"，从识字教育的教法上来说，"儿童很喜欢游戏，我们就可以通过各种游戏式的教学法，对 5 岁儿童进行识字教育。儿童对社会和自然环境总是发生很大的兴趣，我们就可以结合认识环境来进行识字教育。儿童对唱歌、图画、做手工，也

---

① 陈秀云，陈一飞. 陈鹤琴全集：第二卷［M］. 南京：江苏教育出版社，2008：175.
② 陈秀云，陈一飞. 陈鹤琴全集：第二卷［M］. 南京：江苏教育出版社，2008：175.
③ 陈秀云，陈一飞. 陈鹤琴全集：第二卷［M］. 南京：江苏教育出版社，2008：485.

是感到很大的兴趣，我们也可以在这些活动中找出计划来进行识字教育。儿童最爱听故事，我们就可以利用图画故事来进行识字教育"。从陈鹤琴先生的这一论述中我们可以看出，他反对呆板、揠苗助长式的识字教育，相反，我们应该要根据幼儿的身心发展特点、兴趣爱好等现实因素，并结合游戏等教学方式进行识字教育，从而做到因材施教。

1956 年，张宗麟发表了一篇名为《幼儿园是可以进行识字教育的》的文章以声援陈鹤琴，张宗麟认为，年满四岁的幼儿就可以开始识字，而当幼儿满五岁时，他们对识字就已有相当浓厚的兴趣，自己也要求识字了。在升入小学之后，相比于那些没有在幼稚园阶段接受过识字教育的幼儿来说，认识了一些字的幼儿有着明显的优势。此外，张宗麟还指出，为何七岁的小学生可以开始识字，而六岁的幼儿就不行呢？"儿童的成长是逐渐的，不是跳跃式的。六岁与七岁的孩子之间并不能截然划一条红线。"① 因此，张宗麟认为幼儿园是可以进行识字教育的，但识字教育的主要问题是如何采用恰当的方法进行识字教育。1964 年，陈鹤琴在《幼儿园进行汉语拼音和注音识字教学问题》一文中重申应在幼儿园开展适当的识字教育，而且在幼儿园开展识字教育也是必要的。

在这一时期，关于幼儿园能否开展识字教育的争论从未停止，并且愈发激烈，正是因为有这种不同观点的碰撞，才促使不同的教育家不断地探索、尝试和实验，才涌现出各种不同观点和不同的教育方法，从而推动我国学前教育事业的不断发展。2001 年，《教育部关于印发〈幼儿园教育指导纲要（试行）〉的通知》中明确指出"语言能力是在运用的过程中发展起来的，发展幼儿语言的关键是创设一个能使他们想说、敢说、喜欢说、有机会说并能得到积极应答的环境"，这说明幼儿园应该要积极创设适合幼儿语言发展的环境，充分发挥幼儿教师作为幼儿识字

---

① 张泸. 张宗麟幼儿教育论集［M］. 长沙：湖南教育出版社，1985：629.

的帮助者和支持者的重要作用。2018 年，教育部办公厅发布了《关于开展幼儿园"小学化"专项治理工作的通知》（教基厅函〔2018〕57 号），引发了社会的广泛关注与重视，在"去小学化"背景下幼儿园识字教育问题也再次成为热点话题。其实，关于幼儿阶段识字教育问题的争论并未停止，而这种争论与探索会促进我国幼儿教育的不断发展和完善。

第十三节　陈鹤琴对西方学前教育的考察、认识和评价

一、陈鹤琴留学及考察经历

陈鹤琴 1914 年赴美留学，于 1917 年获霍普金斯大学文学学士学位，后入哥伦比亚大学学习教育学、心理学，这期间师从杜威、克伯屈等著名教育家、心理学家。1917 年冬天，陈鹤琴随孟禄去美国南方考察黑人教育，1934 年 7 月至次年 3 月，陈鹤琴前往欧洲考察教育，回国后介绍世界新教育发展趋势和先进教育经验。1935 年，陈鹤琴发表《对于儿童年实施后的宏愿》呼吁全社会、全民族关心和教育儿童，维护和保障儿童权益，在战争来临时先救儿童。

1937 年 2 月，陈鹤琴代表中华慈幼会前往印尼爪哇出席国际联盟远东禁贩妇孺大会。1938 年，陈鹤琴担任上海慈善团体联合会救济战区难民委员会教育委员会主任，与赵朴初、刘湛恩、陈道望等开展难民教育。1948 年，陈鹤琴赴菲律宾马尼拉暑假小学教师讲习会讲学，同年 8 月，应联合国教科文组织邀请，前往捷克布拉格参加国际儿童教育会议，会后前往美国考察特殊儿童教育，回国后在上海筹办上海特殊儿童辅导院（现为上海市聋哑青年技术学校）。

二、陈鹤琴思想形成的西方渊源

陈鹤琴留学期间正值美国进步主义、实用主义教育兴起之时，他深受杜威、孟禄、桑代克等人影响，认同杜威的五步教学法以及实用主义教育遵循的问题—探索的基本程序，认为学生应是活动的主体，强调学生主动探索的重要性。陈鹤琴去美国南方考察黑人教育后，深切感受到教育对于人发展的重要性，教育对于落后地区经济发展的重要性。在考察黑人教育的过程中，陈鹤琴受到一位名叫布克·T. 华盛顿（Booker T. Washington）的黑人影响。这位影响陈鹤琴的布克 19 岁才得到读书的机会，为了让更多的黑人得到教育的机会，他不畏艰辛创立了黑人学校。① 陈鹤琴去南方考察时参观了这所学校，他被黑人布克的坚韧品质以及其为黑人学生争取读书学习机会付出的努力震撼。陈鹤琴立志奋发惕厉，为国努力，希望通过自身的努力改变贫弱民族的教育，从而改变中国的现状。

三、陈鹤琴对西方教育思想的认识与评价

陈鹤琴认识到教育处于不断变化中，我们应该正确看待西方的教育思想，不能照搬照抄西方的教育理论，而是应该根据中国的教育现状探索符合中国国情的教育发展之路。陈鹤琴提出教育应该以适应中国国情为主，根据中国国情，适当采用世界性的教材和教育方法，并不断进行本土化改造。外国的教育思想并不一定完全适合本国的国情，我们应当学习西方先进的教育理念，同时也应该积极探索幼儿园教育本土化的道路。陈鹤琴吸收继承了西方学前教育思想，融合了进步主义、实用主义哲学理论内涵，结合中国的国情和社会现实需要，提出了要尊重幼儿身心发展特点开设具有科学性、民族性、现代性的幼儿园课程的观点。正

---

① 陈秀云，陈一飞. 陈鹤琴全集：第六卷 ［M］. 南京：江苏教育出版社，2008：540 – 541.

是看到中国传统教育的弊病以及当时我国面临的民族生存危机，陈鹤琴先生身体力行，致力于培养现代中国人。他认为现代中国人应该具有健全的身体、建设的能力、创造的能力、合作的精神，需要有为社会服务的远见卓识。教育应当把大自然、大社会当作活的教材，强调儿童在自然和社会中，通过亲身观察和活动获得经验和知识，主张把书本知识和儿童的直接经验相结合。

四、陈鹤琴本土化教育理论实践探索

陈鹤琴从美国留学回来看到中国学前教育仍然是一片荒原，幼稚园大多是外国教会创办的，孩子们在外国教会幼稚园接受的是外国的语言、外国的歌曲、外国的节日和文化，吃的是外国的点心。为数不多的中国人自己创办的幼稚园仍然是学习西方的幼儿教育模式，聘请日本的保育员，引进日本的课程及教学模式。当时的中国幼儿园教育外国化倾向严重，中华民族的民族特色没有得到彰显，孩子的个性得不到尊重等问题突出存在。幼稚园普遍存在模式僵硬、不思进取的现象，孩子们不能和自然、社会接触。陈鹤琴认为当时的幼稚园是幼儿监狱，中国应当有属于自己的学前教育，应当有属于自己的、尊重儿童身心发展的幼儿园。因此，陈鹤琴先生开始了长达一生的学前教育理论和实践探索。

陈鹤琴指出不能完全照搬照抄外国的教育模式，要充分了解中国的国情和教育发展的实际，提倡发展适合中国国情的中国化幼儿教育。他反对"死教育"，提倡"活教育"。他指出中国教育的最终目的是培养"现代中国人"，教育要注重儿童在活动中的主体地位，尊重儿童，鼓励儿童自己动作操作，从大自然、大社会中获取直接知识经验，从做中学，做中求进步，提倡"整个教学法"，把知识整体教给幼儿。在吸收借鉴西方学前教育思想的基础上，陈鹤琴先生对中国学前教育的儿童观、教学观和教育观进行了中国化的创新，提出"活教育"思想，探索中国学前教育本土化道路，为中国学前教育的发展作出了重大贡献。

第十四节　陈鹤琴对借鉴西方学前教育的态度和主张

陈鹤琴在中国创办第一所实验幼儿园——南京鼓楼幼稚园，创办了中国第一所公办实验幼儿师范学校——江西省立幼稚师范学校，并积极探索幼儿园教育本土化道路。陈鹤琴"活教育"思想承袭了杜威实用主义和生活教育理论思想，将杜威思想充分与中国国情相结合，寻求适合中国国情的学前教育发展之路。陈鹤琴是一位爱国主义者，留学期间他受到杜威、克伯屈的实验主义和进步主义教育思想的影响。他虽受到西方学前教育思想的深刻影响，但也意识到照搬照抄西方的教育模式是错误的。"把外国教育当作救治中国传统教育唯一药方的做法其实是另一种迂腐。"[1] 回国后他有感于当时动荡的社会环境以及旧中国教育因循守旧，脱离生活，死读书本的现实便立志改革旧教育，创造新教育。

陈鹤琴在南京鼓楼幼稚园试验科学化、中国化的幼稚教育。1927年，陈鹤琴和陶行知、张宗麟一同发起中国最早的儿童教育团体——幼稚教育研究会，创办《幼稚教育》并任主编，发表《我们的主张》，提出适合中国国情的15条办园主张。这15条主张分别为：幼稚园要适应国情；儿童教育是幼稚园和家庭的共同责任；凡儿童能学、应当学的都应教他；课程以自然、社会为中心；课程可先拟定，但临时可变更；第一注意儿童健康；幼稚园使儿童养成良好习惯；特别注重音乐教育；有充分适当的设备；采用游戏式教学法；户外生活要多；采取小团体教学法；教师是儿童的朋友；教师应当有充分训练；应当有种种标准。

陈鹤琴办园的15条原则体现了其学前教育思想的理论精髓。第一，

---

① 田春玲.陈鹤琴南京鼓楼幼稚园个案研究及其当代启示［D］.大连：辽宁师范大学，2007：31.

陈鹤琴明确了对西方学前教育思想的态度，认为不能照搬照抄外国学前教育模式，而是应该根据中国的国情探索幼儿园本土化道路。第二，中国的学前教育要重视儿童的地位，充分调动儿童自我发展的积极性和主动性，鼓励儿童自己主动探索，主动学习。第三，陈鹤琴主张大自然、大社会是活的教材，要给儿童的发展创造良好的环境，支持儿童学习。第四，陈鹤琴主张要树立正确的教师观，意识到教师是儿童的朋友，且在教学活动中充分重视教师的重要作用，努力提升教师的专业素养。

陈鹤琴"活教育"思想认为教育的目的应是教会学生"做人，做中国人，做现代中国人"，教学方式是"做中学，做中教，做中求进步"。大自然、大社会是活的教材，教育应充分利用大自然、大社会的资源优势，将环境资源转化为课程资源，从而激发学生学习的兴趣，保护学生的好奇心，创造良好的教育环境，以游戏为主要的教学方式，培养幼儿良好的学习习惯。陶行知先生提出要"教活书、活教书、教书活，读活书、活读书、读书活"，这一主张和陈鹤琴先生"活教育"思想的内涵相契合。陈鹤琴先生和陶行知先生一起改革旧教育，创造新教育，从幼稚园的教育目标、教学内容、课程设置等方面寻求适合中国国情的教育发展路径。

1951 年陈鹤琴发表《幼儿园的课程》中提出适合我国国情的幼稚园课程编制应遵循的 10 大原则：一是课程的民族性。课程应该是民族的，不是欧美的。二是课程的科学性。课程应是科学的，不会封建迷信的。三是课程的大众性。课程应是大众的，不是资产阶级的。四是课程的儿童性。课程应是儿童化的，不是成人的。五是课程的连续发展性。课程应是连续发展的，而不是孤立的。六是课程的现实性。课程应符合实际需要，而不是能脱离现实。七是课程的适合性。课程应适合儿童身心发展，促进儿童健康。八是课程的教育性。课程应培养儿童"五爱"国民公德和团结、勇敢等优良品质。九是课程的陶冶性。课程应陶冶儿童性情，培养儿童情感。十是课程的言语性。课程应培养儿童说话技能，以表达自己的情感和思想。课程编制的 10 大原则充分体现陈鹤琴坚持大自然、大社会是活教材的深刻内涵。课程编制的 10 大原则体现了陈鹤琴重视教育本土化、民族化的问题，他认为课程编制既要符合幼儿身心发展的特点和规律，同时也要注重社会实际需要，要扬长避短，突出"民族性""大众性"，自觉承担教育民族文化传承与发展的责任和使命。

杜威"生活教育"思想提出"教育即生活，学校即社会"。他认为教育是儿童现在的生活过程，而不是将来生活的预备，最好的教育是从生活中学习，而不是作为将来生活的预备。最好的教育是从生活中学习，从经验中学习。他提出做中学的基本原则，把获取主观经验作为确定教材、教法和教学过程的基本原则。陈鹤琴受杜威影响，他认为学前教育要围绕儿童的兴趣和需要，激发儿童自主学习的兴趣，保护儿童的好奇心，通过创造环境吸引儿童，锻炼儿童的动手能力。因此，陈鹤琴根据学前儿童的身心发展特点，将课程融合为一个连续的统一整体，而五指活动在儿童生活中结成一个教育的网，有组织，有系统，合理编织在儿童的生活上。五指活动分别为：健康活动、社会活动、科学活动、艺术活动、语言活动。陈鹤琴先生反对传统的灌输式教学，主张做中学，他认为现代中国人需要具备强健的身体、建设的能力、创造的能力、合作的态度、服务的精神。因此"活教育"的教学过程分为四步：实验观察，阅读参考，发表创造，批评研讨。除此之外，陈鹤琴先生在"活教育"思想指导下，提出"活教育"17 条教学原则，根据 17 条教学原则的内涵可以概括为活动性原则、儿童主体性原则、教学法多样性原则、利用活教材原则、积极鼓励原则和教学相长原则。

陈鹤琴先生继承并发展杜威的教育理论思想，并结合中国国情，积极发展中国本土学前教育，探索符合中国国情的教育发展道路。

第四章
陈鹤琴家庭教育中国化实践与探索

第一节 家庭教育的前提
——掌握儿童的心理特点

陈鹤琴是中国现代儿童心理学和幼儿教育学研究的开创者。他说，小孩子有七大爱好，一是好游戏的，二是好奇的，三是好群的，四是好模仿的，五是喜欢户外生活的，六是喜欢成功的，七是喜欢别人赞许他的。① 家庭教育必须要先了解小孩子的心理。若能依据小孩子的心理而施行教育，那教育必会取得良好效果。

一、小孩子是好游戏的

小孩子是生来好动的。两三个月的婴儿就能在床上不停地拍手踢脚，独自玩耍。到了五六个月的时候，看见东西就要来抓，抓住了就要放进嘴里去。到了再大一点的时候，他就要这里推推，那里拉拉，不停地运动了，一等到会爬会走，那他的动作就更加复杂了。到了三四岁的时候，幼儿的游戏动作比从前还要繁多，而他的游戏方法也与从前不同了。从

---

① 陈秀云，陈一飞．陈鹤琴全集：第二卷［M］．南京：江苏教育出版社，2008：522 –527.

前他只能把椅子推来推去，现在他能把椅子抬来抬去了。到了八九岁的时候，他的身体比从前更加强健得多了，精神也非常充足了，知识也渐渐丰富了，因此他的游戏动作也就与从前不同了。此时他喜欢玩各种竞争游戏了，放风筝、踢毽子、斗蟋蟀、拍皮球、捉迷藏等游戏他都能够玩了。

总之，小孩子是生来好动的，是以游戏为生命的。

二、小孩子是好模仿的

小孩子未到一岁大的时候，就能模仿简单的声音和动作。他一听见鸡啼羊叫，也要啼啼看叫叫看；一看见别人洗面刷牙，也要洗洗看刷刷看。到了两岁的时候，孩子就能模仿复杂的动作了。如果他看见自己的母亲扫地洗衣，他也想要扫扫洗洗看；如果他看见他的父亲吐痰吸烟，他也想要吐吐吸吸看。到了三四岁的时候，孩子的模仿能力发展得更快了。比如娶亲、出殡等，他都要模仿了。

总而言之，小孩子是好模仿的，家中人的举动言语他都要模仿。

三、小孩子是好奇的

小孩子是生来好动，生来好模仿的，也是生来好奇的。五六个月大的婴儿一听见声音就要转头去寻，一看见东西就要伸手去拿。到了四五岁，他的好奇动作更加多了。看见路上的大卡车或者挖掘机来了，他总要停住脚看看；听见外面的锣声鼓声响了，他总要跑出去看看。

小孩子不但对各种事物感到好奇，他们也喜欢提问。他常会问这是什么东西，那是什么东西；这个东西从哪里来的，那个东西怎样做的；这个东西为什么是这样的，那个东西为什么是这样的；等等。他看见不懂的东西，就要来问你。这些问句也是一种好奇的表现。

这种好奇的动作究竟有什么用处呢？柏拉图说："好奇者，知识之门。"若小孩子不好奇，那就不去与事物相接触了；不与事物相接触，那他就不能明了事物的性质和状况了。如果他看见了冰，不好奇，不去玩弄，那他恐不会知道冰是冷的。所以好奇动作是小孩子得到知识的一个最紧要的门径。

四、小孩子是喜欢成功的

小孩子固然喜欢动作，但更喜欢有成就的动作。比如一个两岁的小孩子在沙箱里玩沙。他把沙一把一把地捞进罐子里去，捞满了把沙倒出来；又再一把一把地捞进去，捞满了又倒出来。这种动作从表面一看没有什么成就，仔细考察起来，一把一把地捞进罐子里去固然是一种动作，但罐子装满了，就是动作的成功。小孩子喜欢捞沙的动作，也喜欢感受捞沙成功的获得感。

由此可见，小孩子很喜欢做事情，而且很喜欢其成功，因为事情成功，一方面自己感觉很有趣的，还有一方面就是可以得到父母或教师的赞许。

五、小孩子是喜欢户外生活的

大多数小孩子都喜欢户外生活，到门外去就欢喜，终日在家里就不高兴。有许多小孩子哭的原因虽然不一样，但是不能到外边去看去玩是一大相同的原因。做父母的不揣摩他哭的原因，只一味地去说他去骂他，那孩子就冤枉极了。

有许多做父母的总不放心他们的小孩子到外面去，一则恐怕身体疲乏，二则恐怕衣服弄脏，三则恐怕受寒感冒，所以一天到晚将孩子关在屋里，好像囚犯一样。所以这种儿童长大之后，往往身体孱弱，知识缺乏。本来做父母的是想爱护子女，但这实际上是贻害子女。而且有的幼儿园老师不愿多事，认为带领孩子到室外游玩十分麻烦，所以孩子就失去了与自然界相接触的机会。

六、小孩子是喜欢合群的

凡人都喜欢群居的，幼小的婴儿如果离群独居，就要哭喊。孩子两岁时就要与同伴游玩，到了五六岁，这个乐群心更加强了，假设此时没有玩伴一起游玩，他一定会觉得孤苦不堪，有时候还会出现想象的玩伴，他同这个想象的玩伴一同游玩，一同起居，一同饮食，那就不致孤苦。但是他的玩伴到底是想象的，他一定会觉得寂寞的。到了十余岁，儿童就喜欢结队成群地游玩了，如果儿童在这个时候，在家中得不到玩伴，他一定会往外寻求了。

七、小孩子是喜欢称赞的

两三岁的小孩子就喜欢"听好话"，喜欢旁人称赞他。比如今天他穿了一件新衣服或者一双新鞋子，就会去给他父母或者玩伴看，希望得到他们的夸赞。到了四五岁的时候，这种喜欢嘉许的心理更加浓厚。假使他不愿意洗手，你可指着一个小手干净而且肯洗手的小孩子说："他的小手多干净多好看，你若天天洗手，你的小手也会像他这样干净好看呢！"小孩子听了你的话，可能就要去洗手了。他洗手之后，你就可以称赞他说："呀！你的小手干净了，好看多了。"他听了必然觉得非常高兴，下次就喜欢洗手了。

总之，小孩子有七大心理特点，一是好游戏的，二是好奇的，三是好群的，四是好模仿的，五是喜欢户外生活的，六是喜欢成功的，七是喜欢别人赞许他的。家长教小孩子必须先了解小孩子的心理。

第二节　家庭教育的目标

说到"家庭教育"的重要性，相信大家都不会否认。孩子所有的行为习惯、性格特征、语言、技能等，都要在家庭教育中打下基础。这个基础打得好，孩子后续的成长就会顺利很多，如果打不好，孩子在未来的成长路上就可能会遇到这样或者那样的问题。

但是，在现实生活中，家庭教育往往是被严重忽视的。因为它没有具体的教学形式，也没有具体的教学大纲，我们很多父母就算意识到"家庭教育"的存在，也没有给予足够的重视。

在中国，第一个用科学方法来研究家庭教育的学者是陈鹤琴先生。陈鹤琴是我国"现代儿童教育"的泰斗级人物，也被称为"中国现代儿童教育之父"。他早年毕业于清华学堂，随后公派到美国，师从著名教育家约翰·杜威。在那个时候，跟陈鹤琴同为杜威学生的，还有后来成为北京大学校长的胡适，创办南开大学的张伯苓，以及人民教育家陶行知。

1918 年，陈鹤琴获得哥伦比亚大学教育学硕士学位。正在他准备攻读博士学位的时候，他收到了来自当时国民政府的邀请，于是他应邀回国担任南京高等师范学院儿童心理学的教授。[①] 回国后，陈鹤琴便把自己的一生贡献给了中国的儿童教育事业。

1920 年，陈鹤琴的第一个孩子出生，他便以自己的孩子作为研究对象，开展适合中国儿童的家庭教育研究。在长达数年的研究中，陈鹤琴详细记录了自己孩子的成长过程，并用自己的专业知识进行总结和分析，

---

① 陈虹. 陈鹤琴与活教育［M］. 长春：东北师范大学出版社，2010：9.

然后把研究成果编辑成书，也就是《家庭教育》这本书。

关于家庭教育，我们需要讨论的其中一个问题是：家庭教育的目标是什么？根据陈鹤琴的《家庭教育》这本书，可以把家庭教育的目标划分为三大类：一是培养良好的行为习惯；二是培养良好的性格；三是提高孩子的见识和见闻。

一、培养良好的习惯

小孩子生来是没有什么行为习惯的，他们大部分的行为习惯都是在成长中慢慢养成，而养成这些行为习惯最重要的地方就是家庭。

根据陈鹤琴的观点，孩子需要培养的第一个良好习惯是讲卫生的习惯。在《家庭教育》这本书中，陈鹤琴花了很大的篇幅介绍儿童卫生习惯的培养办法。由于年代久远，有的内容已经不适合现代生活了。不过，对于现代生活来说，培养良好卫生习惯的总原则是不变的，比如早晚要洗脸刷牙，饭前饭后要洗手，垃圾要丢到垃圾桶里等。

除了卫生的习惯外，礼貌的习惯也是家庭教育的重点，比如出门要跟家人说再见，拿别人给的东西要说谢谢，见到长辈要主动打招呼，等等。这些看似很普通的习惯，放在一个两三岁的孩子身上，就会显得孩子非常有教养。相反，如果我们不注意从小培养孩子的这些行为习惯，等孩子长大后再想让他养成这些习惯就会非常困难了。

二、培养良好的性格

除了良好的行为习惯，培养孩子良好的性格也是家庭教育中的重要课题。孩子的性格有一部分是与生俱来的，但更多的是在家庭成长中养成的，而且大部分就是从父母那里学习过来的。所以，想要孩子养成什么样的性格，我们就得以身作则地表现出来。

陈鹤琴在书中就提到家长欺骗孩子的例子，在实际生活中很多人喜欢去骗小孩，小孩想吃饼干，大人就把饼干藏起来，然后说饼干吃完了；

妈妈要去上班，明明要到晚上才能回来，却要骗孩子说妈妈很快就会回来。这些欺骗孩子的行为，不仅会误导孩子对事物的判断，还会导致孩子对大人不信任，让孩子养成不诚实的性格。陈鹤琴认为，类似这样的行为，在家庭教育中是不可取的。

想要孩子诚实，我们自己要先做到不欺骗他；想要孩子有耐心，我们自己要先做到不着急；想要孩子保持安静，我们自己要先做到不大声喧嚷；想要孩子学会分享，我们就要在孩子面前展现主动分享的行为。

以此类推，想要孩子爱读书，我们自己要先拿起书本；想要孩子爱运动，我们自己要先行动起来；想要孩子不玩手机，自己就得先把手机放下。

三、提高孩子的见闻和见识

除了培养良好的行为习惯和良好的性格外，家庭教育的第三个目标是提高孩子的见识和见闻。对于幼儿期的孩子，他们还没有形成阅读和理解的能力，他们所有的知识都是通过用自己的眼睛去看，用自己的身体去体验来获取的。

孩子看的东西越多，亲身体验的事情越多，他们能够懂的事物也就越多。所以，作为父母，我们在日常生活中要尽可能地多带孩子去看新的事物，去体验新的事情。看的人多了，孩子自然就可以消除怕生的心理，看的动物植物多了，孩子认识的事物也就越多，去公园、游乐场、菜市场的次数多了，孩子自然可以懂得更多社会生活中的事物。

对于学龄期的孩子，我们就得给孩子提供更多的机会，让孩子去接触不同的人和事，去体验不同的生活方式，去感受不同的人文地理，甚至还需要给他们体验困难和失败的机会。

总之，家庭教育的目标包括培养良好的行为习惯，培养良好的性格，提高孩子的见识和见闻。

第三节 家庭教育的原则

著名教育家陈鹤琴先生提出了家庭教育的 100 条原则①，这些原则可以分为 9 个大类。

一、普通教导法

在"普通教导法"方面，陈鹤琴一共提出了 11 条原则：最好用积极的暗示，不要用消极的命令；积极的鼓励比消极的刺激好得多；要以身作则，还要替孩子选择环境以支配他的模仿；不可常常用命令式的语气去指挥小孩子；不应当对小孩子多说"不！不！"；以辞色来表示赞许或不赞许的意思给小孩子听和看；按照小孩子的年龄知识而予以适当的做事动机；待小孩子不要姑息也不要严厉；不要骤然命令小孩子停止游戏或停止工作；做父亲的应当同小孩子做玩伴；用游戏式的教育法。这些原则细致地体现了在家庭教育中家长要采用的基本态度和方法。

二、卫生上的习惯

在"卫生上的习惯"方面，陈鹤琴一共提出了 25 条原则：最好用诱导的方法去让小孩子穿衣服；小孩子应当天天刷牙齿；洗面刷牙，应当在一定的地方做；洗面的手巾，应当独自一条；洗面须注意到耳鼻和眼睛；未穿衣洗面刷牙以前，不宜吃东西；吃东西以前须洗手，吃后须揩手；吃饭的时候，应当用适当的盘、匙；吃饭时，应当有适当的桌椅；吃饭时，要有围巾；食物的分量不宜太多，而且要定时吃食物；让小孩

---

① 陈秀云，陈一飞.陈鹤琴全集：第二卷［M］.南京：江苏教育出版社，2008：535–635.

子独自先吃饭；不准小孩子自己随便乱拿食物；不应当因为小孩子要偷食物，就把食物随便乱藏；不宜将食物随便乱摊；吃午饭后，最好睡中觉；晚上未睡以前，应当有适当的娱乐；夜里睡眠的时候，应当穿睡衣；不应当有人抱着睡；不准小孩子点灯而睡；最好独睡一床，独睡一室；便溺须有定所；大便须一日一次，而且要定时；婴儿不应当终日感受外界的浓厚刺激；小孩子不应当终日抱在手里。这些原则细致地体现了在家庭教育中家长对待孩子的穿衣、洗面、吃饭、睡觉等方面的基本态度和方法。其中的许多原则在今天仍然对如何进行家庭教育具有指导价值。

三、游戏与玩物

在"游戏与玩物"方面，陈鹤琴一共提出了 10 条原则：小孩子需要有适宜的玩伴；有与动物玩弄的机会；平时宜穿运动套衣；玩好东西以后，应当立刻整理好放在原处；最好有玩水的机会；玩的玩物要"活"的，不要"死"的；玩物的作用，不仅仅是博小孩子之欢心，也要使他因此得到自动的机会；凡凶恶丑陋、不合卫生而有危险的玩物，一概不要给小孩子玩；有适当的地方以储藏他的所有物；玩物应当合乎的几种标准。这些原则细致地体现了在家庭教育中家长对待孩子的玩伴、玩具等方面的基本态度和方法。

四、游戏就是工作，工作就是游戏

在"游戏就是工作，工作就是游戏"方面，陈鹤琴一共提出了 10 条原则：小孩子应有画图的机会；小孩子应有看图画的机会；小孩子应有剪图的机会；小孩子应有剪纸的机会；小孩子应有着色的机会；小孩子应有穿珠的机会；小孩子应有锤击的机会；小孩子应有浇花的机会；小孩子应有塑泥的机会；小孩子应有玩沙的机会。这些原则体现了在家庭教育中家长对待孩子的各种活动方面的基本态度，要求家长要让孩子多动手，鼓励孩子进行各种尝试。

五、小孩子为什么怕的，为什么哭的

在"小孩子为什么怕的，为什么哭的"方面，陈鹤琴一共提出了8条原则：做父母的切不可暗示小孩子使他发生惧怕；小孩子的惧怕有时是会迁移的，所以做父母的要格外当心，使小孩子不至于发生惧怕；不要以"父亲"的名义来恐吓小孩子；小孩子发生惊慌时，须慎防其他大的声响，以免增加他的惊慌；小孩子常常哭泣是不好的，做父母的应当设法把它免除才好；小孩子疲倦了是要哭的，或是容易发脾气的；小孩子以哭来要挟的时候，做父母的应当绝对地拒绝他；当小孩子不高兴的时候，做父母的不应当去暗示他哭。这些原则细致地体现了在家庭教育中家长对待孩子的惧怕、哭泣等方面的基本态度和方法。

六、做父母的要以身作则

在"做父母的要以身作则"方面，陈鹤琴一共提出了8条原则：做父母的待子女要公平；做父母的对待子女要有相当的礼貌；对于教育小孩子，做父母的应当在小孩子面前采取同一态度；要打破一个坏习惯的时候，留心不要又新形成一个坏习惯；做母亲的不可叫小孩子打骂他的父亲以取乐，做父亲的也不可那样；切不可欺骗小孩子；做母亲的不应当背着丈夫去宠爱她的小孩子；做父母的不应当作伪，小孩子作伪是由父母养成的。这些原则细致地说明了在家庭教育中家长应该如何以身作则。

七、小孩子怎样学习待人接物

在"小孩子怎样学习待人接物"方面，陈鹤琴一共提出了10条原则：教小孩子要从小教起；应当教育小孩子顾虑别人的安宁；家里有人生病的时候，非有特别的关系，做父母的应当使小孩子得到向病人表同情的机会；应当使小孩子养成收藏玩物的好习惯；应当教小孩子对待长

者有礼貌；不准小孩子对待保姆有傲慢的态度；须禁止小孩子作伪；不准小孩子打人；小孩子在家里应当帮助他的父母做点事情；应当教育小孩子爱人。这些原则细致地说明了在家庭教育中家长要如何引导孩子学习待人接物。

八、应当怎样罚小孩子

在"应当怎样罚小孩子"方面，陈鹤琴一共提出了13条原则：诱导比恐吓、哄骗、打骂都来得好；应当探索小孩子作恶的原因；责罚小孩子以前，应当平心静气考察他究竟有无过失；不应在别人面前责罚小孩子；早上和晚间都不宜打骂小孩子；不应当迁怒于子女；小孩子弄坏东西，做父母的去责罚他并不是因为可惜东西，是因为要改正他的行为；当小孩子做错了事的时候，做父母的应当重责其事轻责其人；倘若父亲或母亲打骂小孩子的时候，旁人不宜来帮着说"可怜！可怜！苦呀！"这许多话；不宜痛打小孩子以致打后懊悔不及；当小孩子做错事情的时候，做父母的不应当因为要博小孩子的欢心，就去责备别人；不要常常去骂小孩子；不应当以一己之喜怒来支配小孩子的动作。这些原则细致地说明了在家庭教育中家长责罚犯了错误的子女应该注意的事项和采取的态度。

九、怎样可以使小孩子的经验格外充分些

在"怎样可以使小孩子的经验格外充分些"方面，陈鹤琴一共提出了5条原则：做父母的应当常常带领小孩子到街上去看看；凡小孩子能够自己做的事情，做父母的千万不要替他代做；叫小孩子做事，不宜太易，也不宜太难，须在他的能力范围以内而仍非用力不可的；不应当禁止小孩子去探试物质；做父母的应当利用儿童的好问心，以作教育儿童的良好动机。这些原则细致地说明了在家庭教育中家长应如何帮助孩子

获得经验。

在陈鹤琴所著的《家庭教育》这本书中，他对这 100 条原则进行了详细的阐述，举了许多案例说明应如何运用这些原则。《家庭教育》这本书是陈鹤琴留给所有中国父母的一本育儿宝典。

第四节　家庭教育的方法

做父母的，要想把孩子养得好，在未做父母之前，应该问问自己：是否懂得养孩子的方法？有什么资格做孩子的父亲或母亲？怎样养育孩子，使才能孩子身心两方面都充分而又正当地发育？这些都弄明白，才配做孩子的父亲或母亲。陈鹤琴先生提出了家庭教育的方法，这些方法有助于大家学习如何做父母。

在陈鹤琴所著的《家庭教育》这本书中，记录了多个真实案例，总结出了 100 条适合中国家庭的教育方法。陈鹤琴所著的《怎样做父母》曾发表于《教育杂志》。[1] 陈鹤琴在上海的一次播音讲话发表于《播音教育月刊》，其中陈鹤琴举例说明了家庭教育的方法。[2]

陈鹤琴认为，做父母的必须晓得孩子生长发育的规律及注意事项。他从孩子的躯干、心脏、消化力 3 个方面提出了孩子生长发育的规律及注意事项，并且举了例子进行说明。

陈鹤琴认为，做父母的必须晓得孩子的心理是怎样发展的。他从孩子是好游戏的，孩子是好奇的，孩子是好群的，孩子是喜欢户外生活的 4 个方面提出了孩子心理发展的规律及注意事项，并且举了例子进行

---

① 陈秀云，陈一飞. 陈鹤琴全集：第二卷 [M]. 南京：江苏教育出版社，2008：649 – 652.
② 陈秀云，陈一飞. 陈鹤琴全集：第二卷 [M]. 南京：江苏教育出版社，2008：653 – 657.

说明。

陈鹤琴认为，做父母的必须明白爱小孩的方法。他提出，做父母的没有不爱自己的小孩的，可是爱的方法，很容易弄错。陈鹤琴还举例说明了父母爱小孩的真正方法。父母要顾到小孩的需要，施行合理的爱，才可以免去错爱；错爱固然不妥，溺爱更加不妥。父母爱小孩，一定要明白爱的方法，才能把小孩养得好，教得好。

陈鹤琴认为，做父母的要改正自己错误的念头。陈鹤琴举例说明了父母对待小孩子的观念和行动容易出现的错误以及为了改正这些错误的念头和行动应该怎么做。比如，陈鹤琴阐述了父母容易出现小孩是一个"小人"，小孩是父母的财产，小孩子是错的、父母是对的等错误的观念；提出要把小孩看作小孩，不可妄想缩短他做小孩的时期，不可剥夺他在小孩时期中应该享受的权利；要尊重小孩的人格，不可把他当作资产看待，自私的爱，算不得真爱，唯独不自私的爱，才能算得真爱；要知道教养儿女，乃是父母应尽的责任，做父母的能培植小孩，那便是为国家尽忠，为人类服务；要打破自己的成见，遇见什么问题发生，应该虚心研究是否孩子的错，就算是孩子的错，也有父母自己的错，不可冤枉孩子。

陈鹤琴认为，做父母要以身作则。我们知道小孩子生来都是好的，生来都是无知无识的，父母怎样做，小孩子就怎样学。做父母的一举一动，都直接间接影响小孩子。所以父母是怎样一种人，他们的孩子大概也是怎样一种人。不过小孩子不限于受父母一举一动的影响，也要受到各种环境的影响。但是父母的影响比任何影响来得快。父母喜欢喝酒，小孩子长大后大概也喜欢喝酒；父母喜欢吸烟，小孩子长大后大概也喜欢吸烟；父母说话吞吞吐吐，没有条理，小孩说话也不知不觉像父母一样。总之，做父母的行为好，小孩的行为大概也是好的。反过来说，做父母的行为坏，他的小孩子的行为大概也是坏的。所以父母教养儿女，一定要以身作则。比如，父母可以自己每天做一件好事，同时也要求孩子每天做一件好事，提出要求之后，父母要为孩子做好榜样。

陈鹤琴在上海的一次播音讲话中提出了教小孩的方法，其中他举例说明了教小孩要从小教起，开始要教得，注重游戏，注重自动，阐述了教小孩时如何使用代替法和鼓励法。① 在《家庭教育》这本书中，陈鹤琴还提出要"让儿童自己做"。陈鹤琴举例说明了凡是儿童自己能够做的，应当让他自己做；凡是儿童自己能够想的，应当让他自己想；你要儿童怎样做，就应当教儿童怎样学；小孩子应当有充分的设备。

总而言之，做父母不是一件容易的事，实在负有极大的责任，唯有能好好教养儿女的人，才有配得上做父母的资格。父母假如拿孩子做了试验品、牺牲品，那真对不起孩子。希望做父母的人，留心陈鹤琴提出的以上几个家庭教育的方法，据此教养自己的孩子，这样，不但孩子得到幸福，父母得到安慰，就是社会、国家也能获得不少的利益。

第五节　父母在家庭教育中最重要的作用
——言传身教、以身作则

在日常生活中，我们经常看到家长之间会主动讨教教育孩子的经验，如何教育孩子也变成现代家庭的一种育儿焦虑。其实对于现代家庭，与其说教育方法是个难题，不如说如何做好父母才是最大的难题，正如陈鹤琴先生在其《家庭教育》一书中所说，父母在家庭教育中最重要的作用是言传身教、以身作则，父母要做到以下八条：

一、父母要公平对待子女

古有《左传》名篇《郑伯克段于鄢》就讲到过武姜因为生庄公时难

---

① 陈鹤琴. 家庭教育［M］. 2 版. 上海：华东师范大学出版社，2013：184 – 186.

产而更加偏爱小儿子共叔段，现今随着三孩政策的放开，很多父母也会因为小孩容貌和资质的差异而偏爱其中一个，容貌较好和资质灵敏的会受到父母更多的疼爱，但殊不知做父母的偏袒子女，其实往往会害了子女。不被待见的子女因为父母偏爱其他子女而心生怨恨，被宠爱的子女因为父母的偏爱而骄纵任性。所以做父母的，如果真正爱子女，就不应当偏爱任何一个，应当公平正直地对待每一个孩子。

二、父母育儿观念需保持一致

在小孩子面前，做父母的对于同一事情，教育方向应该要一致，如果父母意见不合，小孩会左右为难，无所适从，不知道听谁的，除此之外，小孩可能还会产生轻视父母中示弱的一方的心理，会让小孩逐渐形成强势的性格。所以在对同一件事情进行教育时，做父母的应当在孩子面前采取统一的态度。

三、做父母的对待子女应当有相当的礼貌

在一些有着旧观念的家庭，认为"父严子孝，法乎天也"，认为父母必定要让孩子敬畏自己，要用严厉和不礼貌对待孩子来换取子女对自己的敬畏。做父母的要让孩子敬畏自己其实很简单，如果父母能够在行为上处事上言语上处处做到让孩子佩服和尊敬，那么不用严厉也可以让孩子敬畏你，相反，有的父母对待小孩像对待奴隶一样，实在是不足以引起孩子的敬畏之心，即使你天天打他们，骂他们，他们也不会敬畏你。

四、要打破一个坏习惯的时候，留心不要养成一个新的坏习惯

很多父母会用一个新的坏习惯来戒除孩子不好的习惯，如陈鹤琴先生的儿子陈一鸣有夜睡点灯的坏习惯，为了戒除这个坏习惯又有了抱着睡的习惯，陈鹤琴先生称之为以恶代恶。做父母的一旦看到小孩有坏的行为或习惯，就要竭力铲除，改正它，而断不可用别的坏行为去替代这

种坏习惯。

五、做母亲的不可教小孩子打骂他的父亲以取乐，做父亲的也不可那样

教孩子以打骂他的父母为乐，是万万不可的。天真的孩子起初都是爱自己的父母的，哪里会敢打骂自己父母呢？但是如果母亲叫他打骂他的父亲，或者父亲叫他打骂他的母亲，并以此为乐，他就会大着胆子打骂自己的父母，起初可能是玩乐，但是形成习惯之后，他就会形成轻视父母的态度，觉得可以不用尊重父母，到了后面就真的敢打骂父母了。

六、切不可欺骗小孩子

有些父母在生活中总会出现有意或无意欺骗孩子的行为，其实父母应该要坦诚地面对孩子，一则因为长期的欺骗会让孩子失去对父母的信任，不肯听父母的话；二则用欺瞒哄骗孩子会让孩子造成知识、观念和思想上的误解，如很多小孩都会问妈妈"我是怎么来的"，妈妈会回答"捡来的""充话费送的"，很少给予孩子正解，那么孩子会形成一些知识、观念和思想上的误解，殊不知此时是父母对孩子进行性教育的最佳时机；三则孩子看到父母欺骗自己会误认为欺骗是种被允许的行为，那么他以后也会用同样的方式对待别人。

七、做母亲的不应当背着丈夫偏袒孩子

在生活中我们经常看到父亲或母亲背着另一半宠爱孩子，并对孩子说："你可以……，不过不要告诉爸爸（妈妈）。"其实这个与前面提到的教育孩子的方向要一致的原则是一样的，虽然母亲（父亲）通过了这样的方式得到了孩子一时的喜爱，但是殊不知这样会让孩子形成逆反父亲（母亲）的心理，而孩子沉浸在母亲（父亲）的溺爱中也会逐渐变得骄纵。

八、小孩子作伪是由父母养成的

孩子的欺骗和虚伪行为通常也是从父母身上学来的，常常有父母既教孩子作伪，还同时说自己的小孩乖巧可爱。做父母的要教小孩诚实、正直，首先要自己诚实正直，自己行为举止不诚实，孩子断断不会诚实。

在孩子的成长过程中，孩子的模仿能力很强，父母的一言一行，一举一动都会潜移默化影响自己的孩子，所以父母必须起到表率作用。教育孩子待人礼貌，家长首先要反省自己为人处世如何；教育孩子不要随手乱扔垃圾，要环保，家长首先要反省自己有没有做到；教育孩子尊老爱幼，要礼让，父母自己对待自己的爸妈长辈又是怎么做的，要反省自己是否尽了孝道；教育孩子要培养良好的生活习惯，父母要反省自己的生活安排得怎么样。孩子的观察力和学习能力有时是超乎想象的，在不经意间父母教小孩子一套而自己做另外一套，这样孩子的是非观会混淆，对父母以后的话也会将信将疑，不会采纳听从的。父母为孩子当榜样，通过自己的行动去影响孩子，要比纯粹的让孩子生厌的口头教育更有说服力，你的亲力亲为不只是影响孩子的几分几秒，而是会让孩子受用终生。

第六节　幼儿的同伴交往

混龄交往即打破幼儿的年龄界限，让不同年龄的幼儿通过混合的组织方式在一起游戏、生活和学习。陈鹤琴在其《家庭教育》一书中就分析了儿童的心理特点，书中指出小孩子是喜欢群体的，"幼小婴儿，离群独居就要哭喊，两岁时就要与同伴游玩，到了五六岁这个乐群心就更加强了",《幼儿园教育指导纲要（试行）》中也明确指出，"幼儿与成人、同伴之间的共同生活、交往、探索、游戏等，是其社会学习的重要途径"。幼儿同伴交往是幼儿社会性发展中很重要的一部分，幼儿在同伴混龄交往的过程中通过直接经验和间接经验来满足自己的社会交往需要。陈鹤琴在《家庭教育》一书中还分析指出小孩子是好模仿的，"小孩子未到一岁大的时候就能模仿简单的声音和动作了……到了三四岁的时候他的模仿能力发展得更好了"，"因为儿童善于模仿，我们可以利用模仿来教育儿童"。幼儿在三岁到六岁这个阶段是模仿能力最强的阶段，因此在混龄同伴交往过程中为不同年龄、不同水平的幼儿提供一个很有利的模仿和认知环境非常有必要。陈鹤琴的"活教育"思想的十七条教学原则中也提到"儿童教儿童"，意思就是以儿童来教育儿童，以儿童来指导儿童，是儿童之间的互教互助活动，也是对陶行知先生提出来的"小先生制"的发展。《幼儿园工作规程》中也指出"幼儿园中可以按年龄分别编班，也可以混合编班"，这就更加肯定了幼儿在日常生活和学习中不可缺少的是与不同年龄的幼儿之间的交流学习，幼儿通过与不同年龄段孩子的相处，他们会很自然而然跟着有经验有能力的孩子学习，不需要老师花费很多的时间去提醒，并通过模仿彼此身上的优点来满足自己的情感和社会认知需求。

陈鹤琴"活教育"思想中认为，孩子需要良好的小朋友来做伴侣，与他们交流相处，以获得友谊，解除孤独，活泼身心，这是成人代替不了的。孩子是一个生活在社会中的人，因此他有自己的人际交往和情感需要，在现实的生活中不可能只和同龄孩子交往，也要和不同年龄的孩子交往。在混龄班中孩子可以很容易地选择不同年龄的孩子交往，有比自己年龄小的伙伴，有和自己同龄的伙伴，也有比自己大的伙伴。幼儿在交往的过程中他可以自由地选择伙伴进行沟通交流。同龄孩子与同龄孩子感兴趣的东西比较相似，而我们会发现小孩子天性喜欢和比自己大的孩子交往，去模仿学习大孩子身上有的习惯。当大孩子发现小的孩子以他为榜样学习的时候，如果小的孩子出现不正确的示范时，大孩子会指出错误并帮助小的孩子一起改正，在大孩子帮助的过程中大孩子首先对这件事情或者这个行为习惯有了正确的认知，然后根据通过自己的需求重组后再表达出来，形成经验。孩子在真实的交往中学习体会某种交流沟通技能，在对待不同的同伴会用不同的方式去交流。

　　陈鹤琴认为"让孩子也有爱人的精神"很重要，要非常重视培养孩子的同情行为。他认为同情行为不是天生的，要靠后天慢慢培养，要求孩子去帮助他人能"使人得到快乐"，而能够帮助人的人一定能爱人，能够爱人的人一定能帮助人。各年龄的孩子在一起生活、学习和游戏，开展以大带小、以大帮小、以大教小的活动。年龄较大的自然是哥哥姐姐，我们经常可以看到哥哥姐姐主动帮助弟弟妹妹的情景，气氛非常和谐。又或是小孩子遇到困难时请求哥哥姐姐帮助，孩子们非常享受这个帮助或者被帮助的过程，老师可以通过组织这类活动培养孩子的爱心和同情心。在阅读区角你会看到大孩子给小孩子讲故事，孩子们津津有味地听着故事。孩子们天天生活、学习、游戏在一起，已经成了一个大家庭，当孩子们有好吃的零食、好看的图书、好听的磁带、好玩的玩具时，都会主动带到幼儿园一起分享。孩子们也许不理解"共同分享"这个词的真正含义，但是，他们却在用自己的行动实现了"共同分享"的意义（也就是陈鹤琴先生所说的同情行为），这说明孩子心中有爱。

　　陈鹤琴在《儿童心理之研究》一书中指出，"模仿动作，青年老年亦有，不过儿童来得格外充分，儿童学习语言、风俗、技能等，一部分是通过模仿别人而来的"。时刻与孩子在一起的是他的同伴，当孩子们在一起完成某个活动时，大的孩子会观察到小的孩子在活动中的改变，有时还会惊讶地说：这明明是一个三岁的弟弟，他对这种活动中需要用到的技能的掌握竟然如此熟练。我们会在户外活动中看见年长的孩子设置游戏规则，年幼的孩子遵守规则，年长的孩子会根据年幼同伴的接受能力考虑活动的难易程度，思考大家怎么才能一起愉快地游戏。这也更进一步培养了年长的孩子的自信心、领导能力和处理问题的能力等。当年长的孩子在组织游戏活动时，代表他已经通过自己的方法真正掌握了理解了这个活动的规则，而不是处于死记硬背或者半懂不懂的状态，在这个过程中，年长的孩子更进一步构建和完善了之前所学的内容。对于年幼的孩子来说，他们是学习者也是观察者，随后他们也会升级为领导者和守护者，这是一个非常理想的教学循环过程。

陈鹤琴认为"要使儿童日后成长为社会成员之一，必须从先培养儿童习惯于集体生活开始，使幼儿无形中受到影响，能够帮助他人，爱护他人，培养其对事物的同情心，发挥团结友爱的精神"。年幼的孩子在完成某项活动时需要年长孩子的参与，在这个过程中会促使孩子发现对方的优点和包容彼此的不足，这时就是在无形地发展他们的集体意识。一个年长的孩子不会取笑年幼的孩子尿裤子，因为他们知道对方比自己小，自己小时候也这样。年幼的孩子在观察年长的孩子时，他会把年长的孩子当作榜样不断学习和成长，想要和年长的孩子一样操作更有挑战的工作，能有机会帮助别人，有机会展示自己所掌握的本领。在户外活动结束时他们一起合作收拾好工作区域，大孩子会选择比较重的器械玩具放回原处，年幼的孩子去收拾整理他们力所能及的东西，例如将椅子摆放好，捡起地上的垃圾。

陈鹤琴在立足教孩子做人的基础上，重视培养孩子的群体意识和交往能力，以促进其社会化的发展，这种观念和做法在任何一个时代都具有现实意义，因为这既是孩子们幸福成长、立足社会的必要条件，也是我们的社会和人类得到完美发展的必要条件。混龄交往能够让幼儿在获得人际交往经验，并在人际交往过程中学习知识和社会规则。在传统教育和混龄教育中，老师要从不同的幼儿的发展水平和认知水平去引导幼儿，也就是要更好地开展因材施教。但这也是对进行混龄教学的老师的一种挑战，不能用传统的方式去带领幼儿，必须学会与幼儿交流，善于观察孩子，随时要根据课堂活动的变化给予每个幼儿相应的教学方式，这就需要用到开放式的、个别化的教学方式。教师不仅要针对幼儿共同的特点进行教学，引导他们与教师互动，还要能够在教学活动中采用幼儿与幼儿互动的方式，使得每个幼儿都参与其中；要引导大的孩子与小的孩子之间使用"儿童教儿童"的方法，通过异龄幼儿交往以及角色变换的方式让幼儿在身心上得到共同成长。

第七节　如何做合格的父母

陈鹤琴从 1935 年陆续著文《怎样做父母》，解答了怎样做父母的问题。编者根据最近看到的几个案例，结合陈鹤琴关于如何做父母的理论，谈谈现代父母应该如何做合格的父母。

案例一：陈妈妈家的小诗诗 1 岁 6 个月了，小诗诗活泼开朗也很聪明，但就是还不肯主动开口说话。陈妈妈咨询过医生，检查发现小诗诗的发音器官都是完整的，也能发音。这让陈妈妈很是着急，她平时也是想尽办法让小诗诗开口，但都没成功。一个忙碌的晚上，陈妈妈在处理工作上的文件，这时小诗诗拉"臭臭"了，她很不舒服，就急着扒拉陈妈妈，喊妈妈，想要妈妈关注她，但是此时陈妈妈忙于应付工作上的事没有耐心过多理会她，甚至还表现出了不耐烦和斥责。事情忙完了之后陈妈妈才反应过来小诗诗已经主动开口喊妈妈了，但是自己却忽略了孩子的这个动作还斥责她，现在陈妈妈很懊悔。

《家庭教育与父母教育》第三章"普通教导法"第一条教育原则中就说到"我们应当按照小孩子的年龄而予以适当的做事动机"①，我们要抓住生活中的教育契机及时地对孩子进行教育，这种教育契机可能是稍纵即逝的，错过了这个时机，就要随时准备好，等待下一个契机的出现。上面案例中小诗诗相较于同龄孩子说话确实是稍晚了点点，也许是心理原因，她内心抗拒学说话（自己无意识的时候能够说）；也许是环境原因，家里爸爸妈妈说的是普通话，保姆阿姨说的是家乡话，几种语言在一起，会让她语言系统有点混乱。这些都有可能是造成小诗诗不主动开口说话的原因。结合陈鹤琴的家庭教育思想，找到孩子不开口说话的原因，就应该按照孩子的年龄特征，抓住教育时机引导孩子肯开口多开口。陈妈妈以后就是要抓住小诗诗肯开口的时机，引导小诗诗多开口，例如小诗诗只有在着急、有诉求的时候才会开口叫妈妈，这时陈妈妈就要抓住这些时机，引导小诗诗多喊几声妈妈，同时问她有什么要求，让小诗诗自己开口说出来，这样小诗诗不愿主动开口会逐渐变成主动开口。同样，在陈鹤琴的《家庭教育与父母教育》第三章"普通教导法"第一条教育原则中也说到"对于教育小孩子，做父母的最好用积极的暗示，不要用消极的命令""积极的鼓励比较消极的刺激好得多"②。在孩子有合理的诉求时或者特意寻求父母关注时，父母都应该正面积极地回应，而不是消极地斥责。案例当中小诗诗的积极诉求没有得到回应可能会在心理上造成诗诗对妈妈的不信任，次数慢慢多了，诗诗就会产生明显的不安全感，而小诗诗拉了"臭臭"的屁股因为没有及时处理可能会变红发炎。其实小诗诗拉"臭臭"需要妈妈抱抱是非常合理的诉求，妈妈不应该用不耐烦和斥责来应对，应要及时地用积极的温和的态度来对待孩子的诉求，这样不仅可以加强亲子依恋关系，还可以让小诗诗在心理上形

① 陈鹤琴. 家庭教育与父母教育 [M]. 2 版. 上海：上海人民出版社，2016：29.
② 陈鹤琴. 家庭教育与父母教育 [M]. 2 版. 上海：上海人民出版社，2016：30.

成对妈妈的信任感和安全感。

案例二：小诗诗的爸爸在抱着小诗诗玩的时候，看见陈妈妈走过来，就笑嘻嘻对着小诗诗说"打妈妈，打她"，同时还拿起小诗诗的手要她打妈妈，小诗诗听见爸爸的话，就伸手去打妈妈的巴掌。

在陈鹤琴的《家庭教育与父母教育》第九章"做父母的要以身作则"第五条教育原则中就说到"做母亲的不要教小孩子打骂他的父亲以取乐，做父亲的也不可那样"①，夫妻之间以嬉戏为乐固无不可，但叫小孩子以打骂他的父母为乐，断断不可。小孩子起初哪里敢打骂父母呢，但做母亲的叫他打骂他的父亲，做父亲的叫他打骂他的母亲，他就大着胆打骂他的父母。始则玩弄，继则真敢打骂父母了。小孩长大之后，可能还会经常骂他的父母，打他的父母，如果父母打他或骂他，他就立刻报以恶声；父母的教训不行，家庭就会发生许多困难问题。案例中的小诗诗可能因为爸爸长期的这种行为，到了学龄期会有明显的攻击性行为。虽造成小孩喜欢打骂人的习惯的原因不一，然而如果他小的时候做父母的教他打骂以取乐，这肯定会是其中一个缘故。因此做父母的绝对不可以教小孩打骂父母！

陈鹤琴说过，"有了良好的父母教育，然后才能谈到良好的儿童教育"。"学前教育之父"福禄贝尔也曾说过，"国民的命运与其说是操纵在掌权者手中，倒不如说是掌握在父母手中"。可见做合格父母的重要性。对于我们现在的父母来说，在忙碌的工作之余，我们也要多学习育儿的教育心理知识，掌握教育孩子的方法技巧，争做合格父母，从而培养出身心健康的孩子。

---

① 陈鹤琴. 家庭教育与父母教育［M］. 2 版. 上海：上海人民出版社，2016：120.

第八节　女子教育的重要性

古罗马时期著名的教育家昆体良在其著作《雄辩术原理》中就提出过"女性应该接受教育"这一观点。学前教育之父福禄贝尔也非常重视父母的教育，曾说过"国民的命运与其说是操纵在掌权者手中，倒不如说是掌握在父母手中"。可见母亲在一个国家中的重要作用。而中国的"幼儿教育之父"陈鹤琴先生曾提到"女子教育与儿童教育实在是迭相为用，互为表里"①。因为贤母由贤女而来，如果没有贤女，又何来的贤母呢？若无贤母，又怎么能教育出好子女？子女在年幼时，看到贤母的一举一动，会因此而模仿，长大成人之后，会因贤母的言传身教再续母亲足迹成为社会人才。如此可以看出女子教育的重要性。

一方面，从家庭教育来看，母子关系是社会关系中最基本的人际关系，母亲承担了生养孩子与教育孩子的绝大部分责任，母亲教育与儿童教育的关联度也就最高，孩子在没有出世前十个月，早已受着母亲的体质和性情脾气的影响，出生以后母亲是孩子来到这个世界上见到的第一个人，也是孩子整个人生之路的启蒙老师，在之后的一两年间，孩子也无时无刻不在母亲的怀抱，母亲的一举一动，都可以优先地影印在孩子的脑海中，成为极深刻的印象。孩子的一言一行、一举一动几乎都在模仿自己的母亲。因此，当孩子还很小的时候，还无法辨别是非与善恶的时候，都主要是母亲在塑造自己孩子的行为习惯。母亲在不经意之间所说的一句话或者所做的一个动作，都会在孩子的心灵深处留下或美好或丑陋的印象，并且会影响到孩子的人格塑造。母亲在与孩子交流时所使

---

① 陈鹤琴. 家庭教育与父母教育［M］. 2 版. 上海：上海人民出版社，2016：189.

用的语言、态度与方式等会影响到孩子在未来的选择，母亲对问题的看法、角度和分析问题、解决问题的方式也会潜移默化地影响孩子。由此可见，母亲对孩子的影响最为关键和直接。因此，母亲如果受过良好的教育，提高了自己的学识、修养与道德水平，那么她的习惯行动自然也就良好，在日常生活中间，她的孩子就会受到一种无形的良好教育，受到正面的、积极的影响。反而言之，母亲如果没有受过良好的教育，习惯行动不好，她的孩子就会受到种种不良的影响。

　　另一方面，从女性的自我塑造角度来说，女性也必须接受良好的教育。曾经，女性被誉为"他者"，"女子无才便是德"，女性总是附属于男性而存在。由于当时的社会不允许女性接受教育，女性便顺从于男性的一切要求与观点，从不在乎自己对事物的认知与感受，从而无法认识自我存在的意义与价值，因而造成了许多的悲剧。如今，随着社会的进步与发展，女性的自我意识越来越强烈，受教育程度也在普遍提高。女性只有在跨越了社会和自身的种种阻碍之后，接受良好的教育，才能走出狭隘，看见丰富多彩的大千世界，才能让自己充满活力与希望，并将这种活力与希望带给周围的人。正如波伏娃所说："假如在这方面受到鼓励，她会表现出和男孩子同样的活力、同样的好奇、同样的开拓精神、同样的坚强。"也就是说，通过接受教育发现自我，女性自身可以拥有积极向上的正能量，也能够将这种正能量传递给周围的人。正是缘于女性接受的良好的教育，女性的学识、修养和素质水平能够得到全面提高，女性自身能够清醒地认识到自己存在的价值和意义，能够自信、开朗，对每一天充满希望。而绝大部分的女性都会选择成为母亲，现在女子教育的结果就是未来母亲受教育的程度。受过教育的女性才有可能在日后的家庭教育中更好地发挥作用，营造出温馨和睦的家庭关系，培养出优秀的孩子。

第九节 婴幼儿卫生习惯培养

中国近代，医疗、卫生、营养等条件有限，导致婴幼儿身体孱弱。因此，陈鹤琴十分重视婴幼儿的健康教育，他在《家庭教育》一书中强调卫生习惯养成的重要意义。他通过举例、讨论等方法，深入浅出地对婴幼儿卫生健康内容进行了介绍，包括婴幼儿个人清洁卫生、膳食、睡眠、排泄、穿衣等方面。

一、培养婴幼儿个人卫生习惯，预防疾病

婴幼儿的个人卫生包括刷牙、洗脸、洗手等几个方面。孩子年幼时，没有讲究个人卫生的意识，也不懂个人卫生的清洁方法，做父母的应该传授方法，引导婴幼儿掌握个人清洁卫生的基本方法。

（一）勤刷牙，保护牙齿健康

很多父母未重视婴幼儿刷牙的问题，以为孩子小，牙齿上没有脏东西，用不着刷牙。陈鹤琴认为，婴幼儿能够吃东西，牙齿上就会残留一些食物，需要做好清洁工作。比如一鸣一岁半前，陈鹤琴夫妇用药水棉花裹在手指上擦拭他的牙床；一岁半以后，就用小牙刷替他刷牙；三岁以后引导一鸣自己刷。① 如果婴幼儿不愿刷牙，父母可以在旁边做示范或暗示，让婴幼儿养成自觉刷牙的习惯。

（二）注意洗脸的方法，保障卫生健康

洗脸有几点需要注意：一是婴幼儿要有一条自己的洗脸巾。许多父母没有给婴幼儿准备独立的洗脸巾，都是一家人共用一条，父母洗洗，

---

① 陈秀云，陈一飞. 陈鹤琴全集：第二卷 [M]. 南京：江苏教育出版社，2008：549.

兄弟姐妹也洗洗，洗脸巾上粘上眼屎鼻涕不说，还会传染眼疾或其他皮肤病。二是洗脸刷牙应当在固定的地方完成。二十世纪初，不少家庭没有专门的洗脸室，一家人洗脸洗澡的地方不固定，看到什么地方方便就在哪里洗。这会产生一些不良影响，比如在客厅洗漱会把水渍溅得到处都是，有碍观瞻。如果把这种不良习惯带入社会，将影响他们的社交活动。当婴幼儿长大以后，离开家进入学校或其他集体生活环境，若他们仍保留这种不良习惯，会让其他人难以接受而产生摩擦等。三是洗脸时要注意眼鼻耳的全面清洗。一些父母给孩子洗脸或孩子们自己洗脸时仅仅在脸颊上揩揩，眼角、鼻子和耳朵等地方敷衍了事，眼屎残留在眼角，鼻子未洗干净，鼻孔堵住，孩子呼吸不顺畅就用手抠，抠鼻子又引起鼻子出血发炎等，易造成更加严重的后果。四是在未洗脸刷牙前不宜吃东西。幼儿早上醒来后，未刷牙洗脸就要吃东西，这样不但不卫生，而且不雅观。当然，针对于婴儿来说这点可以另当别论。

（三）饭前便后洗手，避免病从口入

陈鹤琴认为，婴幼儿年龄小，洗手的意识缺乏，且他们的控制能力弱，当看到喜欢吃的东西，便迫不及待用手抓。因此，父母应引导婴幼儿从小养成饭前便后洗手的习惯。婴幼儿好动、好奇，看到什么东西都想去摸，手上会沾满污垢和细菌，倘若吃东西前不洗手，细菌就会随同食物吃进肚子里，容易染病。吃东西后要揩手，以免食物残渣、油污、汤汁等弄在自己或别人身上。上完厕所后，更要洗手，若父母时常提醒婴幼儿饭前便后洗手，一段时间后他们会养成经常洗手的好习惯。

二、注意婴幼儿膳食卫生，保持健康饮食

（一）为婴幼儿准备专门的盘匙

陈鹤琴认为，婴幼儿手筋未发达，不能熟练地使用普通的碗筷，吃饭时容易弄得一地狼藉，父母应该给他们准备汤匙和适当的盘子，等到婴幼儿手筋比较发达能够用普通碗筷时再慢慢教他们用。他根据儿子一

鸣用餐做法提出建议，孩子一岁半以前可以喂食；一岁半以后给孩子大的盘子和弯柄匙，让他自己吃；到了两岁半，教他用筷子吃。①

（二）为婴幼儿配置合适的桌椅

在普通家庭，婴幼儿吃饭没有合适的桌椅，一般是与成人同桌吃饭。婴幼儿与成人同桌吃饭极不便当，他们坐着成人的桌椅，荡着两只脚吃饭，脚不停地踢桌脚或凳子脚，又会被父母训斥，婴幼儿哭哭啼啼，父母心里也不是滋味。因此，陈鹤琴给一鸣制作了适宜高矮的桌椅，桌椅的高度能让他坐着时脚刚好踩到地板上，这样坐着吃饭舒服。

（三）为婴幼儿戴上围巾

吃饭时，婴幼儿手指不灵活，容易把汤汁撒在衣服上，饭粒粘在衣襟上，容易招来蚊虫叮咬。有时，婴幼儿用衣袖来揩嘴巴，使婴幼儿养成不爱卫生的不良习惯。陈鹤琴倡导父母应该给婴幼儿系上围巾，帮助婴幼儿养成清洁的好习惯。

（四）为婴幼儿准备少量的小食

陈鹤琴主张每天给婴幼儿一定量的小食。小食是在正餐之间婴幼儿饿时吃的东西，一般是点心或辅食。陈鹤琴提出，小食不宜吃过多，吃得过多会影响婴幼儿吃正餐的食欲。同时，小食要定点吃，一般在上午10点和下午4点左右吃最适宜，其余时间不能因婴幼儿想要就给，这会影响他们吃饭。

（五）指导婴幼儿不能随便拿食物

陈鹤琴认为，婴幼儿不管是在自己家里还是去别人家，他们都不能自己去拿食物。他认为，如果婴幼儿随意拿食物父母不禁止，今后将随意拿其他东西和铜钱等，因此，父母要帮助婴幼儿养成需要东西先征求父母或别人允许后再取的好习惯。

（六）父母不要随便乱藏东西

有些父母怕婴幼儿随意拿东西而把东西藏起来。陈鹤琴认为父母乱

① 陈秀云，陈一飞．陈鹤琴全集：第二卷［M］．南京：江苏教育出版社，2008：554.

藏东西不可取，弊病不少。一是以防贼的方式防婴幼儿，让婴幼儿失掉自尊心。二是婴幼儿怨恨父母特意不把食物给他们吃。三是藏匿的食物被老鼠吃。四是日子久了之后，藏的东西不易找到。

三、把握睡眠注意的要点，保证婴幼儿的睡眠

睡眠是婴幼儿健康成长的重要因素之一。婴幼儿需要充足的睡眠，他们的睡眠时间比成人长，如新生儿每天睡眠 18～20 小时，2 个月婴儿每天睡眠 16～18 小时，1 岁时每天睡眠 13～14 小时，2 岁时每天睡眠 12.5 个小时，3 岁时每天睡眠 12 个小时，5 岁时每天睡眠 11.5 个小时，7 岁时每天睡眠 9～10 小时。[①] 当然，这是一天内总共的睡眠时间。婴儿 1 岁前每天白天睡眠 2～3 次，1～2 岁为 1～2 次，2 岁以上幼儿午睡 1 次，平均每天午睡 1.5～2 小时。

（一）引导婴幼儿午睡

婴幼儿正处在发育期，午饭之后，他们需要休息一段时间。稍睡片刻后，精神焕发，神清气爽。根据婴幼儿的个体差异，有的入睡难一点，父母可以陪他们安静地玩一玩，他们看看图画书就会很快入睡。当然，午睡的时间不宜过长，比如有的婴幼儿一睡就是三四个小时，晚上就不愿在正常的时间睡觉了，父母应把握好时间把他们叫起来。

（二）婴幼儿睡前适当娱乐

婴幼儿睡觉前，父母可以适当地与他们说说话，唱一些旋律比较舒缓的歌曲，讲一些故事，看看图画，让婴幼儿心情愉快，安安稳稳地入睡。

（三）主张穿宽松的睡衣睡觉

有些父母，在婴幼儿睡前给他们穿紧窄的衣服，以防他们受寒，下身裹着布条，以防漏屎尿。紧窄的衣服和布条将婴幼儿束缚得不能随意

---

① 廖洪. 婴幼儿养育手册［M］. 北京：北京师范大学出版社，2019：147.

活动，让他们感觉很难受。陈鹤琴认为，婴幼儿睡觉时，要换上宽松的睡衣，让婴幼儿感到放松、舒畅。裹得太紧的衬衣，把婴幼儿束缚得像木偶一样，血液流通不畅，呼吸不灵，对他们的身体发展造成伤害。①

（四）不应抱着婴幼儿睡觉

婴幼儿睡觉时喜欢大人抱着睡，久而久之会养成一种需要成人陪同睡的习惯，将他们放在床上让他们独立睡时他们就哭闹，不肯独睡。成人抱着睡有几个弊病，一是大人不方便做事，又非常辛苦；二是婴幼儿睡不安稳，大人的手一动，容易把他们动醒。陈鹤琴认为，解决婴幼儿抱着睡的方法有两种，一是采取宽严相济的方法，比如对婴幼儿不愿单独入睡而发出的哭闹，要用安慰、约定和鼓励等方式自己入睡；二是消退法，即父母每晚陪伴不愿独自睡觉的婴幼儿的时间逐天减少，直至最后不用父母陪伴婴幼儿入睡。

（五）不宜开灯睡觉

有些家庭因为房屋太少，父母与婴幼儿同室睡觉，婴幼儿睡时，父母还开灯忙活；又有家庭是婴幼儿怕黑，不愿关灯睡觉。陈鹤琴提出，不宜开灯睡觉。一是不卫生。之前用油灯照亮会发出烟和灰；现在用电灯，虽然没有烟和灰，但是保持光线可能导致睡眠不佳。二是开灯睡危险。油灯容易被弄倒而引起火灾。陈鹤琴认为开灯睡觉是不好的习惯，做父母的要帮助婴幼儿脱离这种恶习。

（六）主张婴幼儿独睡一室一床

陈鹤琴认为，父母与婴幼儿同床而睡不可取，其害处有以下几点：一是容易被父母压死。二是容易被被子压住窒息。三是不卫生。父母呼出的气体被婴幼儿吸入，婴幼儿呼出的气体被父母吸入，不卫生。四是睡觉不安稳，父母一动把婴幼儿弄醒，婴幼儿一动，父母也要醒。五是养成依赖性。婴幼儿不愿独立睡觉。基于此，陈鹤琴提出婴幼儿独睡一

---

① 陈秀云，陈一飞. 陈鹤琴全集：第二卷［M］. 南京：江苏教育出版社，2008：562.

室一床，如果房屋少，同室不同床也可以。

四、关注婴幼儿排泄情况

排泄对婴幼儿的健康至关重要。排泄不规律容易引起身体疾病，做父母的要注意婴幼儿的排泄情况。陈鹤琴提到，"排泄问题，父母常常不加注意，结果小孩子发热生病，甚至于因积便而发生其他问题"①。婴幼儿便秘、肚子胀气等疾病的发生，可能要从排泄问题找原因。

（一）婴幼儿大便要一日一次

一般情况下，婴幼儿的大便应该一天一次，早上起床解一次为最好。早上起床之后，头一天吃的食物经过一天一夜的消化，在早晨时排出来为最佳。婴幼儿若不定时排便有以下一些坏处：一是婴幼儿不定时排便会患闭结的毛病。二是不按时排便，若在半夜起来排，会造成许多不便，特别是在冬天。

（二）婴幼儿排泄要有定所

陈鹤琴主张，婴幼儿排泄要有固定的场所，他们要尿尿和解大便时都去固定的地方，养成卫生的好习惯。从小若没有养成固定排泄的习惯，在外面随地乱撒，不但气味非常难闻，还会引起蚊蝇到处乱飞，传染疾病。

五、培养婴幼儿自己穿衣的好习惯

穿衣是婴幼儿应掌握的最基本的生活技能，婴幼儿在成长的过程中应养成自己穿衣、穿鞋的好习惯。陈鹤琴主张，婴幼儿睡觉时要穿睡衣。在外面穿的衣服过紧，血液不流通，婴幼儿睡觉时不舒服，穿上宽大的睡衣，婴幼儿才会感到舒适。

当婴幼儿不肯穿衣或穿衣时吵闹时，家长应想办法引诱他们穿衣，

———————————

① 陈秀云，陈一飞．陈鹤琴全集：第二卷［M］．南京：江苏教育出版社，2008：566－567．

比如唱首歌给他们听听，讲一个故事转移婴幼儿的注意力，而不是打屁股、拧大腿，或者大吼大叫吓唬他们，用这种方法压服他们，会让他们恐惧穿衣这件事。

纵观陈鹤琴列出的婴幼儿卫生习惯，包括吃、喝、拉、撒、睡等几个方面，这些都有利于婴幼儿身体健康发展。陈鹤琴用通俗的语言阐述，结合案例分析，帮助幼儿教师和家长理解婴幼儿养成良好的卫生习惯的重要性，也为现代婴幼儿健康教育提供重要的方法，为幼儿园教育工作指导文件的制订提供了重要参考。

第五章
陈鹤琴小学教育中国化实践与探索

第一节　小学教育的原则

教小学生是一件最烦难的事，如果我们能依照教学原则去做，无论如何，所收的效果，一定要大些。教学原则在初等教育方面，遵循"活教育"原则，大致可以归纳为以下几条：

一、"做"的原则

凡是儿童自己能够做的，应当就让他自己做。没有一个儿童不好动，也没有一个儿童不喜欢自己做。在学校里的一切活动，凡是儿童自己能够做的，应当让他自己做，做了就与事物发生直接的接触，就能收获直接的经验，就知道做事的困难，就能认识事物的性质。要知道做事的兴趣，愈做愈浓；做事的能力，愈做愈强。"做"这个原则，是教学的基本原则，一切的学习，不论是肌肉的，不论是感觉的，不论是神经的，都要靠"做"去获得。

二、"想"的原则

凡是儿童自己能够想的，应当让他自己想。一切教学，不仅仅是在做上打基础，也应当在思想上下功夫。最危险的，就是儿童没有思考的机会。我们一天到晚所做的事情，所有的活动，十之八九都受到习惯的支配，思考的时间却是很少。在学校里读书，教师在教室里对学生讲，学生望着教师竖着耳朵听。好一点的情况是教师在黑板上写写，学生在抄本上记记，思考的是老师，学生不过听听、看看、写写罢了。这种注入式的教学法，用不着儿童思考的。但要知道思考是行动之母，思考没有受过锻炼，行动就等于盲动、妄动。

三、"教"的原则

要儿童怎样做，就应当教儿童怎样学。科学有效的教学方法更能事半功倍。教学不应停留于书本，应创设环境引导学生亲身实践，在实践中出真知。在陆地上学游泳，是没有多大用处的，儿童尽管在陆地上日夜练习游泳，一到水里，还是要死的。你要儿童游水，你一定要在水里教他学，而且要他自己也实地到水里去，否则，光是你游泳给他看是没有用处的。大自然大社会是"活教材"，走进社会，拥抱自然，张开眼睛去仔细观察，伸出双手去实际研究，才能发现其中的奥秘。

小孩子是喜欢被称赞的，积极的鼓励胜于消极的制裁。没有一个人不喜欢听好话的，也没有一个人喜欢人家骂他的。这种心理，是每个人都有的，我们可以利用这种心理来鼓励儿童怎样做人，怎样求学。教育应该提高孩子的兴趣，从而激发他的才能。

四、"学"的原则

被动接受的效果远不如主动发现效果好。学生除了是知识的接受者，还应该是知识的探索者。教师要鼓励学生去发现他自己的世界。学校里所学的实在是很少，即使教师拼命地注入、填塞，儿童所学的东西还是不够应用的，况且所强塞的东西，都不容易消化、不容易理解，"吃"了进去，也是如同吞枣，而和学问修养，仍是没有多大关系的。在学校里，教师教一样，你学一样；教师教两样，你就学两样；教师不教，你就不学。儿童的世界，是儿童自己去探讨，去发现的。他自己所求来的知识，才是真知识；他自己所发现的世界，才是真的世界。

第二节　小学教育的方法

教学方法是完成教学任务、实现教学目标和提高教学质量的关键所在。用什么样的教学方法实施教学，不仅影响着学生对知识和技能的掌握程度，对学生成长和个性的发展也有重大的影响。黑格尔曾说："方法是一种不可抗拒的至高无上的力量。"在教学中，比知识更重要的是方法，有方法才有成功的路径。

一、眼见为实，躬行实践

俗话说"耳听是虚，眼见为实"，用眼的学习比用耳的学习准确，我们除了音乐和其他专门用耳的课程外，应当注重视觉的教育。视觉的冲击力最大，影响最深，因此识记的效果也最佳。

我们在教学"大象"这一动物时，如果只靠口头上给学生叙述是一种长鼻子、大耳朵的动物，学生内心难以描摹，远不及展示一张大象的图片来得清晰明确。学生若能走进动物园实地观察大象，印象会更为深刻。

俗话说得好："岸上学游泳，到老学不会。"我们要寓学于做，实地学习。无论什么事，空讲是没有用的，必须实地去做，学生在做的时候去学习，教师在做的时候去指导，然后学生得到的知识技能才能正确无误，教师指导的时候，才不致空言无补。"天下之事，闻者不如见者知之为详，见者不如居者知之为尽。"

二、激发动机，游戏竞赛

儿童学习开始，必须要有内发的倾向，叫他必得要去做的这种倾向，就叫作动机。譬如说到重阳节，大家就有登高和听重阳节故事的动机。动机是一切活动的原动力，做教师的就要利用学生的动机，引导他们去学习，再从旁指导，更要设法把握学生的动机，叫他们自愿去活动。但也要注意，在引起动机的时候，教师无形之中要暗示他们动机的方向，使他们自然而然地倾向到那一方面去做。能够利用学生的动机，掌握学生的动机，并且支配学生的动机，这就是好教师的一大标准。

因为儿童好胜，所以我们用比赛的方法去鼓励他们；因为儿童喜欢游戏，所以我们用游戏的方式去教他们学习各种功课。但是不管是学习，还是比赛，教师务必要使胜者勿骄惰，败者勿灰心。至于游戏一层，教师还需组织教材教法环境时间，各方面都特别注意，方可收到良好的效果。

三、旗开得胜，持续指导

"开首做得好，一半做好了"，开始的学习，要特别留意。从前有一位琴师，出了一张招生广告："未学过琴的，学费一元，已经学过的二元。"① 这则广告引发了大家的困惑，琴师解释道："未曾学过琴的不会弹琴罢了，没有什么病根。至于已经学过琴的，不但不会弹琴，而且学了许多弊病，现在要教好他啊，非先去改掉他的病根不可，比未学过的又多一层困难，所以学费也应当贵一倍。"儿童先入为主，开首好，就得好。否则除了新练习外，还要加上一倍校正的工夫，无益反损。

头开好了，教师在学生练习的时候更要充分注意，正确指导。开首学习好了，能避免产生不好的影响，练习的时候，教师务必要使学生十

---

① 陈秀云，陈一飞.陈鹤琴全集：第四卷 [M].南京：江苏教育出版社，2008：45.

分注意，聚精会神地做。同时，教师要处处留心观察，随时校正，随时指导，方可以收到正确的效果。例如学生练习写字时，教师不能端坐一旁，而要认真观察，举凡笔顺、起笔、落笔、间架、用墨、用纸，都要教师当心去指导校正才是。

四、正向迁移，递薪传火

我们教授学生，是要让他们从不知道进而至于知道。要让学生他们知道，就要利用他们已经知道的东西联络比较，通过分类的比较，最终使他们得到正确的观念。譬如把动物狼教给儿童认识，我们就要先把儿童已经看过的狗来作比较，狼的身体像狗，它的脚高些。又如说老虎的样子像猫，但是它的身体和牛一般大。狼和老虎，我们不易看到，狗和牛是儿童常常看到的。教师进行这种分类的比较，利用了儿童原有的经验，使儿童对新事物产生许多联想，对于新事物就更容易记忆，从而可以得到正确的观念。

知识习得后，学生通过相互指导，学习的收效更大。这种方法，尤其是训育方面用得适宜，所收效果有时或许比教师教授来得大。因为从学生看，能够去指导人是非常之荣誉的，教师安排学生指导，一方面自己要做好表率，努力用功学好才能指导人；另一方面学生看到同学能够指导，心生羡慕，无形之中就会努力效仿，促成良性竞争。但也仍需注意以下几点：第一，教师去叫学生的时候，先把指导的人和问题考量一下，是否能去指导，是否需要叫学生去指导；第二，学生在服务的时候，教师要留心观察，随时辅助，稍有差错，用极温和的态度，在适当的时机去校正他；第三，学生能够去服务的，应当普遍轮流互相指导，切勿侧重在一两个人。

第三节　关于小学教育的课程与教法

陈鹤琴认为，中国的儿童教育，应该从三个方面积极入手：幼稚教育、国民教育、特殊教育。这当中，国民教育就是指的小学教育。

陈鹤琴在谈论小学教育思想时，其思想出发点和落脚点都在以儿童为中心上，他非常重视儿童的力量和潜力，认为儿童情绪是热烈的、有力量的，儿童本身就可以创建自己的成长条件，儿童的学习是互助的，教师处在指导的地位。关于此，鉴于整个教育理念都在谈及以儿童发展为中心，故不再罗列叙述。

古人说"为政在人"，办学校也是如此。小学教育是国民的教育，是造就人才的开端，是发扬文化的始基，所以比中学、大学教育更加重要。国家的发展，青年的前途，在小学教育的改进。教师是学校中很重要的分子，学校成绩好不好，在于教师的优良与否。孩子的成长发展，素质的提高，在于课程的好坏。因为课程是学生所学的东西，我们要培养怎样的学生，就应该有怎样的课程，所以课程是关系学生之人格和学业的重要因素，也是我们应该首先注意的。陈鹤琴提出的小学教育的课程，在今天看来，都是很有科学依据的。

陈鹤琴提出小学教育课程安排以如下两点为基准：

一是儿童的康健。以前的教育，注意在读、写、算的学习，现在除此之外，尤其注意儿童的康健。因为儿童的学习与儿童的康健、身心的发育有密切的关系。儿童身心上发生了缺陷，学习便会大受影响。所谓健全的精神，寓于康健的身体，是一点不错的。所以学校里一定要特别注意卫生教育、卫生设施及卫生训练。

二是儿童的公民训练。要培养儿童在社会上做一个健全的公民，现今社会个人主义太盛，只重个人发展，只顾个人的安乐、幸福，而对他人的安宁、利害不恤不顾。这样的弱肉强食，争夺抢杀还成什么世界？所以一定要注意公民的训练，培养儿童对于人类的同情心，注意儿童的自治能力的提高，教师要组织团体生活，使儿童成为一个健全的社会分子。

陈鹤琴小学教育课程有国语、修身、读法、缀法、书法、算数、历史、地理、理科、图画、手工、唱歌、体操、缝纫、家事、英语、园艺、卫生、乡土等课程。

国语是陈鹤琴小学课程中最重要的一个科目。国语在整个课程中所占的分量比任何科目都要多。国语是课程中的基本科目。国语学得好，其他的功课学起来也比较容易。国语与小孩子做人的前途有很大的关系。小孩子文字好，将来做事做人求学都比较来得便当。国语科目既然如此重要，故国语教科书的编辑就非特别注意不可了。国语课程的编辑该如何进行？1931 年中华儿童教育社在《儿童教育》三卷八期上曾出了一个"儿童读物"专号，讨论儿童读物与鸟言兽语的关系。该作者继续在《儿童教育》上发表《低年级国语教科书要怎样编的》，这些都是编辑国语教科书的参考材料。

但是在课程的教法当中，又要注重以下几点：

一是以儿童心理作根据。陈鹤琴说，我们的学习，不外用耳、用目、用手三种。用哪一种最好呢？心理学的研究表明，用耳不及用目。儿童看见一件新的东西，一定要用手去摸或是亲手去做，如此得到的经验能够格外长久保持。所以用眼看要比用耳听好，用手做比用眼看更好。故我们的教学，要多用手做，多用眼看，而少用耳听，这是重点。

二是用整个的大单元进行教学，也就是我们今天倡导的主题教学。现在的小学往往把儿童学习的功课分得很细，如音乐、写字、工艺、形艺、读法、作文、史地、自然、算术、体育等，而各科间又不谋联络。

在儿童的生活里，他分不清社会、自然、音乐、工艺。应当用整个的教学法去进行教学，力谋各科间的联络，开展大单元的中心设计。比如用俄国的《拔萝卜》故事作教材，可以发给儿童作读法用，可以让儿童练习讲故事；可以研究白萝卜、小老鼠、小花猫，作为自然教材；可以画故事里的内容，作为形艺；可以剪贴，作为工艺；可以编小老太婆、小姑娘、小花猫、拔萝卜唱的歌给儿童唱。如此不比现在四分五裂的大学式的教学法要好得多吗？陈鹤琴倡导不要用大学式的教法去教儿童。

三是多利用游戏比赛。儿童最欢喜的是比赛和游戏，在教学上我们应该利用，或者人与人比赛，或者个人前后比较，如此儿童的学习兴趣可以格外增加。不过施行时要注意比赛的结果，要激发他们的兴趣，否则儿童的兴趣也会减少。

四是练习。要使儿童熟练功课，要顾到练习的原则，如写字课时，往往看见教师只顾自己看书，好像儿童写字与教师毫无关系，教师对儿童写字的姿势，执笔的手势，写字的笔顺、间架、用墨的深淡等不加指导，儿童从何而改进呢？如此尽管学生有多多练习，但学习的收效仍很小，所以练习一定要有指示和辅导，教师要在桌间巡视，进行个别的指导，这是教师应负的责任。

第四节　小学教育思想对小学教师的启示

"小学教育是国民的教育，是造就人才的开端，是发扬文化的始基，所以比中学、大学教育更加重要。国家的发展，青年的前途，全在小学教育的改进。"小学教育理论是陈鹤琴教育理论体系的重要组成部分，其核心思想具有前瞻性和预见性，有助于指导小学教师的成长和发展。

一、注重内在修养

教师的职责是教书育人，不仅要教授专业知识，还要教会学生做人。作为学生的引路人，要想教给学生一杯水，自己就要有一桶水。一个优良的现代教师，其本身的修养，除了必须具备身体和精神的健康之外，还应当有广泛而正确的知识。他应当学习哲学，借此来健全自己的思想与端正自己的工作态度；他应当学习社会科学，包括政治、经济、社会、历史等，一方面，可以丰富其教学的内容，另一方面，他也可以因此明了现实世界的大势以及现实社会的现象、状况，对自己生活的环境有了充分了解后，一种现代化的中国化的新教育才能被他创造出来，才能发展起来。同时他还应当学习自然科学，借此了解大自然的奥秘，从探问大自然，进而改造大自然。历史的演进到今天已经进入了一个新的阶段，教育的范围、对象与内容，都已经跳出了教室甚至于学校的门墙，投入了大自然大社会的无比辽阔的天地，因此，今日的教育工作者，不但是一个儿童的教师，而且也是一个社会的工作者和自然的改造者。教师不应当局限于课本知识，还要走进社会，走进自然。

二、提升管理技巧

小学教师的管理可以分为物资的管理和人事的管理两部分：

第一，物资的管理。首先，调整课桌椅的高度，确保儿童坐着把手放到课桌上去时，肩部不用使很大的力，人的小腿和椅子能够平行，椅背的高度刚好到肋下，并且要向后斜，不过高也不过低。其次，调整课桌椅排列法，摒弃传统讲演式的排列法，打破呆板的注入式教学模式，采用日式的排法，一组一组进行排列，一个教室分为三四组，不仅有利于教师与学生、学生与学生之间交流沟通，还有助于学生自由讨论、自由研究，推动复式教学。最后，注重教室的整洁卫生。每天早晨上课以前，教师应提前查看教室的桌椅排列是否整齐，黑板是否擦得干净，地板是否打扫整洁，确保教室干干净净、整整齐齐后才开始上课，保持儿童心理上的清洁状态。教师还要安排值日生，锻炼儿童，让他们自己动手打扫整理。每星期至少大扫除一次，培养儿童的动手能力和爱护环境的意识。

第二，人事的管理。所谓人事的管理，就是指如何管理儿童，这个问题比物资的管理更为复杂、困难，因为小孩子是活的，不比那些没有生命的东西可以随意支配。我们管理小孩子，通常要使用一种教学常规。首先，就进教室的时候到底应当学生先进去，还是教师先进去的问题来看，我们倡导学生先排队进教室，教师再进教室。初期由教师帮助学生迅速整齐地排列进教室，待习惯养成后，培养学生的自主能力，学生自己整队进入教室，教师先在教室外等候，让学生鱼贯而进，各自就座自己的位置，然后教师再进教室与学生互致敬礼。其次，就学生发言来看，可以打破举手发言的模式，不必拘泥于形式，鼓励学生自由发言，调动学生发言的积极性和主动性，但要以礼貌发言作为前提，在别的同学还没说完话之前，不得随意插嘴，也不可以与别的同学争先发言，扰乱课堂秩序。最后，就学生成绩布置而言，引导学生与同学作比较，更与自己作比较。在教室中选取一个专门的地方来展示特别的成绩：一是一个班级中最好的成绩；二是这个小朋友个人成绩中最好的一次成绩，从而鼓励学生努力上进。

三、转变教学理念

转变传统师本位的教育理念，倡导以学生为主体，促进学生主动发展。陈鹤琴在谈论小学教育思想时，其思想出发点和落脚点都在以儿童为中心上，他非常重视儿童的力量和潜力，认为儿童的情绪是热烈的、有力量的，儿童本身就可以创建自己的成长条件，儿童的学习是互助的，教师处在指导的地位。

第五节　陈鹤琴特殊教育思想

陈鹤琴为我国的儿童教育事业呕心沥血，奉献一生，他对有生理缺陷的特殊儿童更是特别有感情，他说过，"我有一个偏见，凡是儿童都是可爱的，低能儿童也是可爱的"。他认为，"国家对儿童犹之父母对他的子女，必须一视同仁"。① 他主张应根据残疾儿童的特殊情况，设立专门特殊教育学校，以根据特殊儿童的身心特点进行教育。

1927 年以前，中国的特殊儿童教育主要是由慈善机构、外国教会和私人来办，经费、规模和教育、教学、目标、师资等都存在许多的问题，他竭力主张特殊教育应与普通教育一样由国家来主办。1927 年 6 月，陈鹤琴先生出任南京特别市教育局学校教育课课长，负责筹划全市学校的设立和教学工作。同年 10 月，创建成立了南京市盲哑学校，这是我国第一所国家办的特殊教育学校。1947 年，他担任上海市教育局督导处主任，又筹建成立特殊儿童辅导院，作为盲、聋哑、伤残、低能儿和问题儿童的综合性教育机构。

"活教育"的三大目标、十七条教学原则、十三条训导原则、四个学习步骤、五指活动的教学方案以及大量有关儿童教育教学的设施，学科教学心理学、学科教学法等同样适用于特殊儿童教育。此外，他还专门为特殊教育写过许多文章，主要是要求国人重视特殊教育，并按照特殊儿童的生理、心理特点进行科学有效的教育。他列举了世界上许多残疾人成为著名的教育家、文学家、艺术家的事例，说明教育能使有残疾的人残而不废，同样能为人类作出伟大贡献。

---

① 陈秀云，陈一飞，陈鹤琴全集：第二卷［M］．南京：江苏教育出版社，2008：316 –317．

在陈鹤琴的教育文选中有诸多关于特殊教育方面的内容，如陈鹤琴参考发达国家的特殊教育之后，结合中国实际，写出了《低能儿童之研究》一文，该文从低能儿童教育意义，低能儿童的分类、特征，低能儿童产生的原因，如何对低能儿童进行诊断、教育等多个方面进行阐述。至今为止，低能儿童在中国社会中尚未引起普遍注意，研究低能儿童心理的寥若晨星，研究低能儿童教育工作的则更少见。因此，陈鹤琴先生说，不得不以国外研究之成果为主。这与我国实际情形或有所差异，但作为今后我国低能儿童研究及教育之参考不无小补。

陈鹤琴认为要推行特殊儿童教育，应当注意几个原则。

第一，特殊儿童教育必须全部由国家主办。这是为什么呢？因为过去的特殊儿童教养机构完全系教会或私人慈善团体办理的，站在社会道义的立场上，他们对这些特殊儿童施以教育，这种服务精神是值得佩服的。但是因为这种团体极少，而且经济力量微弱，教育内容和方法都有问题，如果把教育2700多万特殊儿童的责任委诸他们，其不能胜任是无疑的。教育的对象本来是"有教无类"的，而国家对儿童犹之父母对他的子女，必须一视同仁，不能因为特殊儿童身心智力与正常儿童有差别就不顾到他，忽略了他的前途、他的幸福。要知道2700多万特殊儿童没有享受教育的机会，就等于使国家多了2700多万没有能力的人，这对国家是何等大的损失？反过来说，如果给他们以特殊教育，他们就可以好好地发展，给国家而增加了极大的力量。[①] 为了要拯救这样多的特殊儿童从疾苦中解脱，使他们能对社会贡献其所能贡献的力量，必须广设特殊儿童学校，为他们开辟一条幸福的大道，给他们享受特殊的儿童教育。

第二，特殊儿童教育机构在国内的散布应当是网状的。这是为什么呢？因为特殊儿童的散布并不是平均的，这个地方多些，那个地方少些，这个农村少些，那个农村多些，都没一定。如果像国民学校那样，各地

---

① 陈秀云，陈一飞，陈鹤琴全集：第四卷 ［M］. 南京：江苏教育出版社，2008：318.

普设，这是经济及人力上都不容许的，就是国民学校附设特殊教育班，也必不能办得完善，因为要办特殊儿童教育，必须有最低限度的特殊设备及教具，并且还要有受过特殊训练的师资。而一个特殊教育班的教师是否能应付各式各样的特殊儿童呢？这又是不可能的。能够教聋、盲儿童的未必能教有智力缺陷的儿童，能够教有精神疾病的儿童的也未必能够教有多动症的儿童，所以每一种特殊儿童必须有他的特殊学校。这种学校设立的地点以都市或适中的地点最为适宜，因为都市是网状的线的交错点，在它附近范围之内的地点，都可以把特殊儿童送到特殊儿童学校里去，这样才可以把人才集中，效率提高，而在经济方面也节省得多。

　　为推广特殊教育，必须立刻着手特殊教育师资的培养。但是这一个事业在中国尚未开创，这一方面的专门人才简直可说是没有的。这只得借助他国的专家，来帮助我们训练师资。一方面，各师范学院应增设特殊教育系，敦聘国外的特殊教育专家来讲学。另一方面，我们国家应派遣学者到欧美各国去考察，以作我国开展特殊教育的借镜。①

---

① 陈秀云，陈一飞. 陈鹤琴全集：第二卷［M］. 南京：江苏教育出版社，2008：416 – 421.

第六章
陈鹤琴幼儿师范教育中国化实践与探索

第一节　培养中国化的幼儿园教师

一、培养中国化幼儿园教师的时代背景

陈鹤琴立志创造中国化的新教育，致力于本土化、民主化、科学化幼儿教育的探索。培养中国化的幼儿园教师和陈鹤琴"活教育"的目的论是一脉相承的，也是他建立中国化幼儿教育体系的实际需要。但在当时，缺乏中国化的幼稚园教师，幼稚园教师严重外国化，因为大部分的师资都来自教会办的幼稚师范学校。他们因为所受的是外国化的训练，在教、学、做方面，未免缺乏中国特色，结果很难发生广泛影响以配合全国的要求。① 来自教会学校或聘请外国的幼稚园教师，在我们的幼稚园中，教儿童唱外国歌，吃外国点心，过外国的节日，玩外国的游戏等，全盘接受外国的文化，而忽视了对本国文化的教育，从此外国文化将根植于儿童的内心，这对于本国家而言是相当危险的。

要创建中国化的幼儿教育，必须要有了解中国文化，会唱中国歌曲，

---

① 陈秀云，陈一飞. 陈鹤琴全集：第一卷 ［M］. 南京：江苏教育出版社，2008：36.

讲中国故事的幼儿园教师。陈鹤琴意识到了培养中国化幼儿园教师的重要性和紧迫性，他认为中国的师范教育必须担负起这个重任，并积极创办中国人自己的幼儿师范学校，培养幼儿教育师范生学习中国文化，关注中国教育方针，学习马克思主义，热爱自己的祖国和人民，愿意为中国的幼教事业服务和奉献，从而为我国幼教事业发展培养出中国人自己的优秀的幼教资源。

二、培养中国化幼儿园教师的实践

"要建立真正的中国化的幼稚园，必须同时建立中国化的幼教师资训练机构"①，陈鹤琴美国求学回国后，一直在探索中国化幼儿教育体系的构建和中国化幼儿园教师的培养。在中国化的道路上，他不断开展创办中国化的幼儿园和培养中国化幼儿园教师的师范学校，在中国大地上，创造了众多"第一"。他创办了中国的第一所实验幼儿园、第一所幼儿师范学校、第一个儿童玩具工厂，还协助陶行知创办了中国第一个乡村师范学校和我国第一个乡村幼儿园等，为他研究中国化幼儿教育和培养中国化幼儿园教师提供了实验土壤。他为师范学生开设本土化的课程，让学生接受中国化的训练，学习中国的文化知识，学唱中国儿歌童谣，学讲中国的童话故事等，再去教中国的儿童，为中国的幼儿教育事业服务。他与陶行知一起"用'艺友制'的方法，培养和训练幼稚园的教师，以及有能力独立创办幼稚园的学员，并帮助学员开展乡村幼稚园活动"②。陈鹤琴创办实验幼儿园、实验幼儿师范学校，开展各种教育实验，研究教育理论，为探索中国化幼儿教师的培养提供了重要的支撑，为中国幼教教育和师范教育的发展作出了突出贡献。

1941 年，陈鹤琴担任主编创刊《活教育》，发表了《师范教育为什么要实验》《从幼稚教育说到幼稚师范教育》《创办幼师的动机和经过》

---

① 陈秀云，陈一飞. 陈鹤琴全集：第二卷 [M]. 南京：江苏教育出版社，2008：36.
② 张毅龙. 陈鹤琴教学法 [M]. 北京：教育科学出版社，2007：173.

《"活教育"的目的论》等大量有关幼儿教育中国化和中国幼儿园教师教育的文章。他经常受邀到全国各地为幼儿园教师开展讲座，经常和幼儿教师交谈，宣传"活教育"理论，大批幼儿园教师受其教育思想的影响。陈鹤琴通过建立幼儿师范学校、开展教育实验研究、创办刊物、发表文章等，为培养中国化幼儿园教师找到了合理方法和路径，培养和影响大批中国化的幼儿园教师。

三、中国化幼儿园教师应具备的品格

陈鹤琴"活教育"的目的是培养学生"做人，做中国人，做现代中国人"，从根本上强调了"活教育"理论的民族性和时代性，他在很多论著中都提到了这一点。在特殊的历史时期，陈鹤琴坚持创办中国人自己的幼儿师范学校，坚持培养中国人自己的幼儿园教师，而非外国化的教师。在这一目标的指引下，陈鹤琴创办的幼儿师范学校的培养目标，一方面是为了培养我国的新国民，另一方面是为发展幼儿教育，培养符合中国国情的新型教师。幼儿园教师既要具备新国民应有的品格，要有"健全的身体、创造的能力、服务的精神、合作的态度、世界的眼光"①。此外，作为中国的幼儿园教师，还要有作为新型幼儿园教师的能力和素养。新型幼儿园教师要热爱祖国，热爱儿童，热爱教育事业，具备幼儿园教师必备的专业知识，"不仅要具备开展幼儿教育的能力，还要具备创办幼儿教育的能力，他希望幼师的学生将来能够到全国各地去办理各种形式的幼儿园，为中国的幼儿教育事业作贡献"②。

---

① 陈秀云，陈一飞. 陈鹤琴全集：第二卷 ［M］. 南京：江苏教育出版社，2008：60－62.
② 朱玲鸽. 陈鹤琴幼儿师范教育理论形成研究 ［D］. 长沙：湖南师范大学，2014：14.

第二节　什么是合格的幼儿园教师

合格的幼儿园教师是办好幼儿教育、提升幼儿教育质量的保证。陈鹤琴对培养合格的幼儿园教师寄予了殷切的希望，也为此作出了自己的努力和贡献。他编写的《怎样做幼稚园教师》，从幼稚园教师基本素养、认识幼稚教育、幼稚园课程与教学、儿童训育的实施、幼稚园教师实用技巧等方面专门探讨怎样做幼儿园教师的问题，进一步明确了合格幼儿园教师的具体要求，如下陈述。

一、合格幼儿园教师应该具备的基本素养

思想方面。作为中国的幼儿园教师，有坚定的政治立场和信仰，明确自己的任务，热爱儿童。要认识中华人民共和国之文化教育建设的方针，为新中国的幼儿教育而效劳。要认识教师的主要任务是提高人民文化水准，培养国家建设人才，发展为人民服务的思想。要学习马列主义观点和方法。要认识教师的重要任务是培养儿童爱祖国、爱人民、爱劳动、爱科学、爱护公共财物等公德。要认识教师是新中国的主人，要热爱祖国，要积极参加政治活动。

业务修养方面。幼儿园教师要了解和精通幼教业务，要了解教师本身的品质是养成儿童品格的重要因素，要了解怎样保护儿童的健康、要了解儿童的智力是怎样发展的，要了解怎样培养儿童道德品质，要了解怎样发展艺术教育等具体要求。

学技术方面。第一是要掌握教学技术原则，了解教学的基本原则在"做"，掌握理论与实际相一致的教学方法，能了解每个儿童的个性和他的问题，建立师生友谊，能选择适当的学习经验，能充分利用大自然、

大社会中的活教材，能掌握表情达意的工具。第二是要掌握教学技术，能将动听的故事，能编歌谣谜语，能画图，能做手工，能唱歌，能奏一种乐器，能种花种菜，能玩简单的科学游戏，能布置教室，能做点心和烧菜，能做初步的急救工作等。

优良品质方面。对待他人，要和蔼可亲，不发脾气，帮助别人；在对待自己时，要能掌握自我批评的武器，不自私，还要注意健康；对待儿童，要热爱、公平；对待同事，必须与之合作；对待工作，要有高度的热情，富有创造性，绝不灰心；对待学问，要学习，学习，再学习。①

陈鹤琴还提出幼稚园教师除了具备普通的品格以外，还应具有特殊的品格，即依柏格莱（Bagley）和堪斯（Keith）提出的对于琐细事件的兴趣，对于各儿童的兴趣，明慧的忍耐心，清晰的头脑及和蔼的性情。②

二、合格幼儿园教师还要有"相当的认知"

第一，对自己的认知。幼儿园教师对自己要有充分的认识，能正确地认识自我，了解自己的性格和需要，能正确地自我反思和评价。陈鹤琴还主张借鉴美国评量教师的"自我检讨的评量方式"从幼儿园教师自己的身体、言行、生活、工作等方面来评量自己是否是一个成功的幼儿教师。③

第二，对儿童的认知。幼儿园教师要能够正确认识儿童，包括儿童的心理、儿童的特点、儿童学习的特点、儿童的个性、儿童的家庭等，陈鹤琴一再申明：儿童不是"小人"，儿童秉性好动，我们教育儿童，亦当利用他的好奇心，游戏是儿童的生命。④ 陈鹤琴要求幼儿园教师应尊重和关爱儿童，同时还明确指出幼儿园教师与儿童的关系，幼稚园教师应当做儿童的朋友，同游同乐地去玩去教，要能够正确认识儿童，树

---

① 陈鹤琴.怎样做幼稚园教师［M］.上海：华东师范大学出版社，2013：3-11.
② 陈鹤琴.怎样做幼稚园教师［M］.上海：华东师范大学出版社，2013：13.
③ 陈鹤琴.怎样做幼稚园教师［M］.上海：华东师范大学出版社，2013：7.
④ 陈秀云，陈一飞.陈鹤琴全集：第五卷［M］.南京：江苏教育出版社，2008：7.

立正确的儿童观。

第三，对自然和社会的认知。陈鹤琴认为"一个优良的现代教师，其本身的修养，除了具备身体和精神的健康之外，更应当有广泛而正确的知识，他应当学习哲学，借此来健全自己的思想与工作态度，他应当学习社会科学，包括政治、经济、社会、历史等"①。

因此，合格的幼儿园教师必须学习社会常识、国家政策、地方习俗、文史地理等知识，了解现实世界的社会环境以及社会现象、状况，正确认识国情，与时俱进，学习先进思想和文化，在此基础上，创造出现代化的、中国化的新教育。同时还要学习自然科学知识，以了解大自然，探究大自然，改造大自然。同时，应用自身广博的文化知识丰富教学内容。

第四，对有关幼儿园教育的认知。陈鹤琴认为幼儿园教师应学习包括幼儿教育的历史演进，不同时期著名幼儿教育家及其幼儿教育思想，世界主要国家的幼儿教育，幼儿教育领域的主要著作，幼儿园教师职业等方面的内容，这些也在由陈鹤琴制定的幼儿教育课程中得到了充分体现。

三、合格的幼儿园教师还应重视环境的作用

陈鹤琴提出大自然、大社会都是活教材，要求幼儿园教师充分利用大自然、大社会中儿童熟悉的环境作为课程内容，开展教学，把儿童带出教室，让他们进入真实的自然和社会场景中学习。陈鹤琴指出："你要做一个成功的教师，你一定要注意环境，利用环境。环境中有许许多多的东西，初看看与你所教的没有关系，仔细研究研究看，也可以变成很好的教材，很好的教具呢！"②

---

① 陈秀云，陈一飞.陈鹤琴全集：第五卷［M］.南京：江苏教育出版社，2008：326.
② 陈秀云，陈一飞.陈鹤琴全集：第五卷［M］.南京：江苏教育出版社，2008：90.

第三节　师范教育为什么要实验

一、师范教育实验的目的和理由

实验是追求真理、实事求是的有效途径。陈鹤琴倡导在推行国民教育运动的基础上，进一步推行全国师范教育运动，主张师范学校通过实验的方式来培养优良的国民师资，进一步改善国民教育的质量。为了实现中国师范教育的科学化、中国化、民族化，进而建立符合中国国情的师范教育体系，陈鹤琴提出"师范教育一定要实验，只有经过实验，才能获得切实的改进"①。

陈鹤琴结合当时师范教育实际给出了"师范教育必须实验"的五大理由：一是节约资金。他通过实验研究师范教育的得失，使未来的师范学制、课程、教材都能日趋完备，以减少教育资源的浪费。二是要突出师范教育的本土化。他提出中国的师范教育要结合中国的国情，不能只是一味地效仿欧美国家。三是突出师范教育的师范性。近代中国师范教育与普通的中学教育区别不明显，需通过实验研究加强师范教育的师范性。四是探索师范教育的新方法和途径。近代中国师范教育观念陈旧，教育方法死板，要探究师范教育和国民教育的新途径。五是培养中国化的新型教师。通过实验研究，培养优良的、特立独行、多才多艺的国民师资。因此，陈鹤琴极力倡导对中国的师范教育进行实验研究，促进我国师范教育朝着中国化、师范化、科学化、现代化的方向发展。

---

① 陈秀云，陈一飞. 陈鹤琴全集：第五卷 [M]. 南京：江苏教育出版社，2008：28.

二、师范学校的任务和实验的内容

为了实现师范教育实验的目的，在开设国立实验学校的过程中，陈鹤琴立足国情，积极探索，充分考虑当时教育实际，进一步明确了充实、改进现有的师范教育和国民教育，创造、完成未来的师范教育和国民教育的两大任务。

结合师范教育实验教育的目的以及实验学校的任务，陈鹤琴梳理了开展师范教育实验的内容。陈鹤琴认为师范教育的内容是广泛的，涉及师范教育的方方面面。结合师范学校开展实验的任务，陈鹤琴归纳了国立实验学校的具体实验内容，包括师范教育规律、国民教育规律、教学法及学习心理等方面。如师范教育的学制及行政研究、课程研究、教材研究、地方建设研究，国民教育的学制及行政研究、课程研究、教材研究，新教育方法的实验，儿童心理及成人学习心理等。

三、陈鹤琴创办实验学校的实践

陈鹤琴明确提出了师范教育需要实验的目的和原因，并在进一步明确了国立师范学校的任务和内容的基础上，主张在我国设立国立实验师范学校。考虑到当时国家教育实际和经济实力存在的困难，陈鹤琴向教育部提出了至少设立一两个国立实验师范学校的请求，并要求国家为国立师范学校拨发充裕的经费和相应的配套政策。通过他的努力，1943年，江西省立实验幼稚师范学校升格为国立幼稚师范专科学校。[①] 1945年，上海市立幼稚师范学校成立，陈鹤琴担任校长。他明确国立幼稚师范学校的办学定位是培养幼教人才和研究幼儿教育，实现我国幼儿教育的自主化、中国化和科学化。办学最基本、最直接的目标，就是为了培养幼儿园的师资和发展我国幼儿教育的人才。[②] 另外，"创办幼稚师范，

---

① 陈秀云，陈一飞. 陈鹤琴全集：第五卷［M］. 南京：江苏教育出版社，2008：125.
② 穆晓敏. 民国时期我国幼儿师范教育研究［D］. 徐州：江苏师范大学，2018：42.

目的就在于实验'活教育'的理论"①。陈鹤琴所创办的幼稚师范学校成为了他开展师范教育实验的主要基地和场所。学校开展了有关课程、教材、教法、学生的实习实践、学制等方面的实验和研究，并结合实验研究制定了师范学校的课程草案、实习制度、实习手册等。

实验学校"一方面固然是进步教育工作者实验的场所，另一方面也是铸造进步教育工作者的熔炉"②。如果说陈鹤琴认为杜威要创办的实验学校是为了要实验与丰富他的生长学说而创办的，那么陈鹤琴所创办的实验师范学校也可以说是为了实验和丰富他的"活教育"理论而创办的。

第四节　幼儿师范教育的课程标准

为进一步深化我国幼儿园课程改革，陈鹤琴通过大量的探索实验，起草了《幼稚园课程暂行标准》，该标准于 1932 年 10 月由国民政府教育部正式公布，定名为《幼稚园课程标准》。

一、《幼稚园课程标准》的产生背景

在 1928 年 5 月于南京召开的第一次全国教育会议上，讨论通过了陶行知和陈鹤琴提出的"注重幼稚教育案"中关于"审查编辑幼稚园课程及教材案"的提案。因此，贯彻和落实该项提案，编订一个符合我国国情的统一的幼稚园课程标准，成为当时我国学前教育领域一项迫切的任务。③ 由于这种客观需要，陈鹤琴组织相关人员通过参照原幼稚师范课

---

① 陈秀云，陈一飞. 陈鹤琴全集：第五卷［M］. 南京：江苏教育出版社，2008：36.
② 陈秀云，陈一飞. 陈鹤琴全集：第五卷［M］. 南京：江苏教育出版社，2008：116.
③ 唐淑. 我国第一个幼稚园课程标准简介［J］. 学前教育研究，1995（2）：18.

程标准，在总结南京鼓楼幼稚园教育实践经验的基础上，将西方教育思想融贯于中国教育现实，并结合新教育的发展趋势和国情，采用心理组织原则编订了《幼稚园课程暂行标准》。

二、《幼稚园课程标准》的指导思想

《幼稚园课程标准》是一整套适合中国国情又符合幼儿心理发展特点的课程体系，促进了中国幼稚园课程探索的本土化和科学化，其指导思想主要有：尊重儿童，确立儿童在教育中的中心地位，明确教育的目的是促进儿童的发展；儿童的生活便是课程；重视儿童的直接经验，儿童在生活中学习，即主动作业；主张教材、教法心理化，课程编制和实施按儿童心理发展的顺序来进行；打破分科界限，采用设计教学法，以单元活动为中心。

三、《幼稚园课程标准》的内容结构

第一部分为幼稚教育总目标。其内容为：增进幼稚儿童身心健康；力谋幼稚儿童应有的快乐和幸福；培养人生基本的优良习惯（包括身体行为等各方面的习惯）；协助家庭教养幼稚儿童，并谋家庭教育的改进。

第二部分为课程范围。该内容共 7 项，包括音乐、故事和儿歌、游戏、社会和自然、工作、静息、餐点。每项内容均列有目标、内容大要和最低限度。内容强调为儿童创设良好的成长环境，以便培养人生基本的品德行为，同时注重全面发展与个别教育相结合的原则，使每位幼儿在原有的基础上获得新的发展。陈鹤琴说："凡是儿童自己能够做的，应当让他自己做。"所以，幼稚园课程内容选择要依据三条标准。

第一，凡儿童能够学的就可以作为幼儿园的课程。关于这个标准，陈鹤琴说要注意两个方面：一是学习的时间。如果幼儿能够在你的帮助下学习，但是他学习所用的时间比较长，那么他就应该放弃，因为这样太浪费时间了。幼儿在没有兴趣的情况下学习，就算学会了那也是用痛

苦换来的，留下的是痛苦的回忆。二是知识的性质。就算有能力也有兴趣学习你教的东西，也要看你所教的东西是否有利于幼儿的成长，否则最好还是不要教给幼儿。

第二，凡是教材都需要以儿童的经验为根据。陈鹤琴说，私塾里教的《千字文》、《三字经》与儿童的经验相差太远，因此应该废弃。他认为，幼儿园应该着眼于养成幼儿的实际生活经验，从幼儿的实际生活和现实需要出发选择教学内容。

第三，能够让幼儿适应社会的，就可以作为课程内容。社会是儿童将来必须要走向的地方，教育的最终目的也是要培养能够为社会服务、促进社会发展的合格人才。课程是为实现教育目的服务的。因此，幼稚园课程内容的选择和组织都应该为幼儿更好地适应社会生活服务，只要是有利于幼儿社会化的资源都可以成为幼稚园课程选择的对象。①

第三部分为教育方法要点。教育方法要点共十七条，其主要内容为：将各科打成一片；儿童每天在园的时间，全日约六小时，可用半日制，每日上午约三小时；各种作业可由儿童各从所好，自由活动，但是每日应有一次团体作业；故事、游戏、音乐、社会和自然，大部分由教师引导，施行团体作业；教师应充分地预备，以免临时困难；教师所提出的引导儿童活动的材料和指导儿童活动的方法，一切活动都需体察儿童的心理，切合儿童的经验；幼稚教育所用的材料，不是空话，而是日常可见可接触，至少可想象的实物、实事；幼稚园的设计教学，需注意要点；教师是儿童活动中的把舵者，要使儿童跟着他的趋向而进行，在未达目的前，不要改变宗旨；教师是最后裁判者，儿童的问题，应由儿童自己去解决；教师应利用奖励，鼓励儿童对于某种作业的兴趣；有几种技能，应该用练习的方法，使儿童纯熟；园中的事物，凡儿童能做的，应充分地由儿童去做；每半年举行体格检查一次，每月举行体高、体重检查一

---

① 孟瑜. 陈鹤琴幼稚园课程思想研究［D］. 金华：浙江师范大学，2010：26.

次，每日举行健康并清洁检查一次；教师对于儿童的身体、性情、好尚，以及家庭、环境……都应注意；教师应该常常到儿童家庭去，或请家长到园中来；幼稚园除利用户外的自然和社会资源外，依标准设计一切。①

在教育方法上，幼稚园课程的编制按"设计教学法"进行，以单元活动为中心，善于利用物品去启发儿童的创造性，充分让儿童在活动中主动获取经验，而教师是儿童活动中的把舵者，为儿童活动提供材料并指导儿童。同时教师又是儿童问题的最后裁决者，唯有当儿童不能解决问题时，教师才可以从旁启发引导。教育既要充分发挥儿童的能力，又要体现教师的指导作用和儿童的主动性相结合的原则。②《幼稚园课程标准》是"活教育"理论的有机组成部分，凝聚着陈鹤琴多年来对课程理论与实践研究的成果。不管是从目标到管理，从内容到方法，还是从课程到师资，《幼稚园课程标准》都充分体现了科学的儿童教育观、以儿童为中心的课程观、灵活的课程教学计划、以"做"为中心的方法论。

第五节　关于幼儿师范教育实践

在从事中国化幼儿园实验的长期教育实践中，陈鹤琴意识到要建立真正的中国化的幼儿园，就必须要有中国化的新师资。那时候南京鼓楼幼稚园虽说要求中国化，可是师资的来源还是外国化的，因为大部分的师资都来自教会办的幼稚师范学校，他们受的是外国化的训练，在教学做方面，未免缺乏中国的特色，结果很难产生广泛的影响以配合全国幼稚教育的要求。所以，陈鹤琴便主张在建立真正的中国化的幼稚园的同

---

① 陈秀云，陈一飞．陈鹤琴全集：第二卷［M］．南京：江苏教育出版社，2008：155.

② 邱学青．中国化幼稚园课程的发展历程［J］．西南师范大学学报（哲学社会科学版），1997（2）：41.

时，必须要建立中国化的幼稚教育师资训练机构。由此，一所以创办中国化的幼儿教育，培养幼儿园教师、幼儿师范学校师资与研究人员为目的的中国第一所独立设置的幼儿师范学校——江西省立实验幼稚师范学校便诞生了。①

1940 年 10 月，江西省立实验幼稚师范学校在一座松林密布的荒山上落成，这是中国第一所关于幼儿师范教育的公立单设学校，陈鹤琴任校长。1943 年春，江西省立实验幼稚师范学校改为国立幼稚师范学校。内设专科部、师范部、小学部、幼稚园等。该学校围绕陈鹤琴"活教育"思想，在教育目标、教学原则与方法、德育原则、课程与教学大纲等方面进行了改革。1946 年，学校获准将专科部迁至上海，创办成独立的国立幼稚师范专科学校，作为陈鹤琴在上海实施"活教育"的新基地。因时局动荡，社会发展不稳定，学校的发展异常艰辛，但在陈鹤琴及全校师生的共同努力下，学校在教学目的、课程设置、教学过程等方面仍显现出别具一格的中国特色。

一、幼儿师范教育的教学目的

作为"活教育"理论的摇篮，江西省立实验幼稚师范学校践行着"活教育"理论的诸多思想。陈鹤琴坚持将做人，做中国人，做现代中国人的目的贯穿教学的始终。在他看来，教育要先立足于全人类的高度，以人为出发点，秉承先为人类服务，再为社会服务的观点。再者，针对中国积贫积弱的国情与教育落后的现状，以及普通民众家国意识薄弱的现象，陈鹤琴提出了"做中国人"的教育目的。最后，陈鹤琴认为教育应面向现代化，教育者要具备创新能力，要不断学习现代思想和现代技术，并将其服务于教育。此外，在教育实践中，陈鹤琴将教育目的细分到类，然后针对各个教育阶段，制定相应的教育目标。

---

① 　陈秀云，陈一飞，陈鹤琴全集：第五卷［M］. 南京：江苏教育出版社，2008：125.

二、幼儿师范教育的课程体系

陈鹤琴认为"活教育"提倡的是素质教育，而不是传统意义上的升学教育，他提出"大自然、大社会都是活教材"的观点，并将教育的范围由课堂延伸到自然和社会中，要求学生在自然中获取知识。因此，陈鹤琴要求师范课程要紧扣学生素养的提高这一目标，培养具有教育行政素养与各科教学技能的应用型人才。江西省立实验幼稚师范学校的课程内容分为精神训练、基本训练与专业训练三项，强调理论联系实际的实践精神，且各科课程应加强与幼儿园的实际联络，采用活的教材，应用活的方法，把人教活。学校鼓励学生追问大自然、改造大社会，倡导"大自然、大社会都是活教材"的理念。学校选用的教材不限于书本上的死知识，各科教材不限于一两本固定的教科书，强调教师要充分利用丰富的素材和社会相关问题进行教学。

三、幼儿师范教育的教学方法

陈鹤琴批判传统教育循规蹈矩的教学方法，提出教师应在"做"中教，学生应在"做"中学，师生应在"做"中求进步。他认为"做"是教学的基本原则，学生一切的学习均要靠"做"来实现，所以在师范教育的教学方法上，陈鹤琴坚持以"做"为原则，倡导教师应指导学生在实践中获得直接经验。他强调儿童在学校中的一切活动，如在儿童能力范围内，就需儿童自身去尝试、体验，这样儿童才会通过与环境的互动获得直接经验，并从中体会到事物的性质。

在教学过程中，陈鹤琴非常重视学生的主体地位，他强调教师是学生学习的领路人，而非知识的灌输者。故而，在江西省立实验幼稚师范学校的教学中，陈鹤琴与师生们开辟了很多实践活动的场所，以引导学生在活动中获取直接经验。他们在教学步骤上基本采用四个步骤进行。一是观察实验。让学生实地观察，自己动手做，以加深实际经验。二是参考阅读。让学生自己去找参考书，以系统地吸取人类已积累的经验。三是发表创作。让学生把自己所获得的知识技能通过绘画、表演或写作等方式表达出来，培养学生的独立工作能力。四是批评研究。将学生发表的创作，与大家共同研究修改，以求进一步提高。

陈鹤琴幼儿师范教育的思想，是他在长期教育实践过程中形成的中国化、科学化的理论体系，是进行师范教育实验的创新成果。他从我国的教育实际出发，依据"活教育"的思想，探索了中国化的幼儿师范教育。在长期实验研究的基础上，形成了一个培养幼儿教育师资的完整体系，而江西省立实验幼稚师范学校作为"活教育"理论的实验基地，教学以"做"为中心展开，提倡活动课程，经常组织学生进行社会实践活动，打破了传统教育"死读书"的陈旧模式，开创了一种全新的注重实践活动的教学模式，引领了社会风气，培养了一批批践行"活教育"的工作者。

第六节 关于幼儿园教师的培养

经过多年的教育实践，陈鹤琴开创了形式多样的职后教育体系，并总结了系列培养幼儿园教师的方法。他指出，教师是最伟大而又最辛勤的雕塑匠，是人类灵魂的工程师。教师肩负的任务是非常艰巨的，尤其在中华人民共和国成立后，要把旧教育转变为新教育，这并不是一件轻而易举的事。教师们首先要自我改造，把自己从旧教师改造为人民的教师。[①] 从现实层面看，传统幼儿师范教育培养的幼儿园教师与当时幼儿发展需要存在一定的脱节，从而导致幼儿师范教育完成不了教育的基本

---

① 陈秀云，陈一飞. 陈鹤琴全集：第二卷［M］. 南京：江苏教育出版社，2008：435.

使命和基本任务。因此，陈鹤琴主张幼儿园教师要在意识、教学态度、教学方法和技术上做出转变，而幼儿师范教育要加强幼儿园教师专业素养、专业精神、专业能力等方面的培养，以符合新时代的发展需要。

一、具备同化与建构知识的专业素养

陈鹤琴认为，"小孩子是不容易教的，幼稚园的教师是不容易做的，因为幼稚园的教师要善于唱歌，善于弹琴，善于绘图，善于讲话及其他种种技能，并且要熟悉自然界的现象与社会的状况，要有很丰富的常识，要明了儿童的心理，想要满足以上这许多的标准，非要有充分的训练不可"①。故而，幼稚园教师不仅要具备专业的基本理论知识，还需开阔视野，扩大发展路径，吸收外界丰富的资源、信息，掌握更广泛的知识，从而同化自身原有的认知结构，以优化专业知识体系，从而便于对幼稚师范教育专业的师范生进行"精神训练、文化训练和专业训练"。对此，幼稚园教师的知识素养不仅体现在训练学生掌握基本的专业内容和文化知识，还要建构系统的知识体系，帮助学生在吸收直接经验的基础上升华经验，并能够将学习到的书本经验用之于实践，以获得质的提升。

如今，教师也要通过学习和丰富自身的专业知识，将教育实践与经验更新进行融合，帮助其从多途径提高自身的专业素质，一方面既可丰富自身专业知识与涵养，另一方面又可帮助其适应新时代幼儿教育发展的需求。

二、拥有"四业"精神

陈鹤琴认为具备基本的专业知识是幼稚教师的立岗之本，但拥有对幼稚事业的热忱之心及对儿童的纯爱之心更是固岗之源。由此可见，专业认同感及专业情感是幼稚园教师必须具备的重要品质。陈鹤琴强调作

---

① 陈秀云，陈一飞. 陈鹤琴全集：第二卷［M］. 南京：江苏教育出版社，2008：84.

为一名合格的幼稚园教师要有"四业"精神，即敬业、乐业、专业与创业精神。一方面，教师要热爱自身所从事的教育教学事业，对工作秉承高度的热情，在教学中不断总结，改进自身的业务水平，为儿童的成长和发展而努力；另一方面，教师要对从事幼儿教育行业抱有极大的认同感，懂得以自身丰富的智能和严谨的治学态度，辅以耐心和爱心，走进儿童的世界，倾听儿童的诉求，这样才能发现儿童，了解儿童和解放儿童。

三、掌握一专多能的岗位能力

针对传统师范教育在人才培养方面存在的弊端，陈鹤琴指出，师范学校培养的不该是"学究"型人才，而应培养能适应幼稚园工作的应用型人才。他主张寓读书于工作，在工作实践中积累经验，提高自身的专业技能水平。故而，他要求幼稚园教师必须具备以下几种岗位能力：

（一）不断求知的探索欲

陈鹤琴认为学生不该是只会闷声读书的书呆子，而应是不局限于学校所学，走到社会中，在实践中获真知的探索者。陈鹤琴经常带领学生走出学校，去参加各种社会实践活动，让他们在实践中汲取经验，提高探索的能力，提高知识的运用性。

（二）善于观察的教学能力

陈鹤琴认为，实习和观察对于提高学生教育教学能力尤为重要，因此他要求学生在校期间应进行全方位的实习，不管是教育工作，还是保育、行政，抑或后勤等工作都该由学生亲自体验实践，让其在工作中进一步锻炼和提高自身的教育教学能力。此外，"在我们教学的过程中，如果也能采用观察的方法，一方面通过实地观察来施行教学，另一方面通过实际研究来培养儿童善用观察的学习态度，则教学的效果，必将因此而有所增进"①。

---

① 田杰. 陈鹤琴"精密观察"教学原则述评［J］. 早期教育（教育教学），2020（2）：10.

（三）批判式的思辨能力

陈鹤琴非常注重培养幼稚园教师批判式的思辨能力，以便解决问题及研究问题。他要求幼稚园教师用"四步骤"方法进行学习。这四步骤，第一步是实验观察，第二步是阅读思考，第三步是创作发表，第四步是批评研讨。他还要求他们要会观察、会思考、会发现问题、会查找资料、会解决问题，懂得在思辨中寻求更优的解决办法。

（四）勇于突破的创新精神

陈鹤琴要求幼稚教师需具备"四业"精神。在当时社会，幼儿教育事业是一种"前无古人"的全新事业，这要求幼儿师范教育专业的师范生发挥"四业"中的"创业"精神，即基于社会发展需求，突破传统的教育束缚，大胆创新、改造旧有模式，善于用自己的智慧在幼儿教育事业上大显身手，努力成为教育的改造者，成为推动社会发展的中坚力量。

幼儿园教师担负着培养儿童、教育儿童的使命，要善于发现儿童的潜在能力，激发儿童的情绪、情感，让儿童在与大自然和大社会的接触中，提高身体素质，获取和丰富经验。幼儿教育是人生的启蒙教育，也是人生最重要的一个教育历程。因此，作为一个幼儿园教师，其责任非常重大，要学会站在广大人民的立场上，改变陈旧的教学态度与教学方法，寻求适合幼儿发展特点的教育模式，以适应新时代对教师的要求。

第七节　关于师范生的实习

师范生的实习是从南洋公学建立师范院的时候就开始确立的。当时，盛先怀上奏提出在师范院设立外院，"令师范生分班教之"，即为教学实习的开始。随后无论是清政府还是国民政府关于师范教育的制度规定，都把实习放在重要的位置加以强调和规范。真正对实习进行系统研究并加以规范的著作,是陈鹤琴和阴景曙于 1936 年由上海儿童书局出版的《新实习》。

《新实习》作为师范教本出版发行,是针对小学师范教育编写的实习指导。其同样适用于幼儿师范教育的实习指导工作。在编辑大意中,作者说明该书系根据当时国民政府教育部颁布的师范学校课程标准编辑而成,是供师范教本之用。大半出于编者历年指导实习之经验。编辑完成后,曾在江苏省立界首乡师试用两次,自审尚切实用。该书共分五编,第一编总论,第二编参观,第三编见习,第四编试教,第五编讨论,共二十六章,每章附有研究题,以便读者课后研究。其主要内容如下:

一、阐明了师范生实习的意义、目的、价值和步骤

师范生实习的意义是"专业训练上一种切要的过程",不能轻视。开展师范生实习的目的,是使学生明了实习的原理原则以增进其信念;使学生获得小学教学实施的经验;使学生熟练小学教员业务上的技能;使学生切实明了小学行政的实际及处理方法。而实习的价值,则在于"学理的印证,能力的获得,知识的真切"。实习的步骤包括参观、见习、试教。师范生的实习,贯彻了"教学做"的原理。陈鹤琴认为试教生在师范学校里平时所获得的知识,几乎全部失了做的中心,几乎全部是伪知识,只有在实习时所获得的知识是真知识,是从做上获得来的,所以说实习的理念基础是建筑在"教学做"原理上面的。同时,实习也是师生制和艺友制精神的体现。陈鹤琴认为凡是在教师的立场上,教学生生活上各种知识技能,就是师生制。他认为这个制度有两个优点:一是能以身作则,二是能适应个性。他指出,"'实习'就有师生制的精神。因指导者有时范教,叫试教生参观,这就适合'以身作则'的原则;指导者能分别和试教生讨论怎样教学,怎样训导,就是符合'适应个性'的原则。在这样的指导之下,收效是很大的,试教生自应虚心接受,切不可以为指导者非正式教师,就可以一味随便。"艺友制是新兴

的一种制度。陶行知说："艺是艺术，也可作手艺解。友就是朋友。凡用朋友之道教人学做艺术或手艺，便是艺友制。"① 他认为艺友制可以应用到师范教育上来，师范教育的功用是培养教师。教师的生活是艺术生活。教师的职务也是一种手艺，应当亲自动手去干。那些高谈阔论，妄自尊大，不屑与三百六十行为伍的都不是真教师。"学做教师有两种途径：一是从师，二是访友。所以要想成为好教师，最好的是和好教师做朋友。凡用朋友之道教人学做教师，便是艺友制师范教育。"② 实习是由指导者分别指示，在短期间使实习生得到许多教导技能的过程。实习制虽然没有纯粹的艺友制的完备，但至少采取了艺友制的精神。

二、明确了实习各步骤的具体内容、方法和要求

（一）参观

参观包括学校行政参观、教学参观、社会教育参观、地方教育行政参观四个方面。学校行政参观法指出参观学校行政一是要知道学校好坏的原因；二是要考查学校行政的力量；三是要明了学校概况。教学参观法指出参观教学，一是要有周密的计划；二是要明了教学方法；三是要知道活动的步骤；四是要商榷怀疑的问题。社会教育参观法指出参观社会教育，一是要明了社会的环境；二是要探询举办的事业；三是要调查教育的效果。地方教育行政参观法指出参观地方教育行政，一是可以明了各县教育经费的来源；二是可以明了各县教育现状；三是可以明了地方教育行政实况。参观之后最重要的一个环节是结果整理与报告。陈鹤琴认为参观以后的整理，是参观后最重要的工作。整理笔记，可以采用下列几个纲要：一是一天的事情；二是整个的单元；三是全校的概况；四是特殊问题。而编制报告，可以采用两个方法：一是填写表格；二是文字记载。

---

① 陶行知. 中国教育改造［M］. 北京：商务印书馆，2017：123.
② 陶行知. 中国教育改造［M］. 北京：商务印书馆，2017：123.

（二）见习

见习包括学校行政见习、教导见习、事务见习三个方面。学校行政见习要做到：一是推进校务；二是编订行事周历；三是参加研究工作；四是参加集会；五是填写校务日志。教导见习，一是参加预定活动；二是编制日课表；三是明了记分方法；四是顽劣儿童的训练；五是填写教导日志。事务见习，一是物品购买与领受；二是校具修理；三是环境布置；四是训练校工；五是填写事务日志。要重视见习的方法及报告，注意明确以下步骤：一是制订见习范围；二是订定见习通则；三是编订见习程序；四是分配见习工作。见习以后，还要报告。报告的方式，围绕见习情况总结，不存在固定的模式。

（三）试教

试教包括教材的选择及其排列，教具的使用，教案编制法及使用法大要，怎样训练视觉及示范，怎样引起注意及发问，怎样使用暗示，怎样形成概念及记忆，怎样维护教室秩序，怎样指导儿童学习，怎样处理儿童成绩十一个方面。陈鹤琴针对每一个方面都提出了具体的方法和路径，做什么，怎样做，都非常具体而实用。比如教材的选择及其排列，陈鹤琴认为教材的选择，要适合下列原则：一要适合儿童的需要；二要适合社会的需要；三是要适合时代的需要；四要适合环境的需要。教材的排列"当以儿童生理和心理的发展为根据，绝不能以成人的主见为依据"，基本的原则有三：一是由已知到未知；二是由具体到抽象；三是由主要到次要。再比如教案编制法及使用法大要。陈鹤琴认为"教案的编制是教学上一个很重要的工作。因为在教学前，教师对于教学的目的、教材的选择、教具的准备、教学的方法，都要有详细的计划，这个计划也就是我们所谓的'教案'"①。编制教案，有几件重要的事要讨论：一是要以单元为起讫；二是要写出教材要目；三是要确定教学目的；四要

---

① 陈秀云，陈一飞. 陈鹤琴全集：第五卷［M］. 南京：江苏教育出版社，2008：173.

准备教具；五要计划教学方法。特别提醒教案编好后，试教的人，绝不能自以为是，一定要请原任教师详细批改，然后再来应用，方不致有多大错误发生。教案修正后，还要注意两点：一是要能活用；二是不必带进教室。试教的十一个方面，都有具体的指导，实用而又实在。

三、强调讨论在实习各步骤中的重要性

讨论环节能够展示实习的重要成果，也能反映实习的成效。"讨论如此重要，讨论时就要慎重，不可视之为形式。"讨论时勿高谈理论；勿做主观批评；要从小处着手；要有结果。因此，每个实习步骤完成后，都要展开讨论，并对讨论中要注意的事项作明确的要求。参观的讨论注意点如下：可以找出理论与事实不符合的原因；可以增加服务的信念；可以认识现代教育的趋势；可以考查个人的观察能力。见习的讨论的重要性有以下几点：一是知道小学行政组织有无改善的必要；二是知道现行的教学方法是否适宜；三是知道小学里各项设施是否需要增减。讨论的对象包括行动问题、教导问题、事务问题。试教的讨论是给师范生改进教学的一个好机会。试教的价值：一是集中指导；二是指示教学的过失；三是增进教学技术。讨论的方式有二：一是分组讨论会。这个会是每周一次，分组举行。开会流程先是同组生批评，再是科任教师批评，最后是小学校长批评。二是试教批评会。分科举行，大约以轮遍各科为原则，开会流程先是教者自陈，再是批评者质疑，随后是教生批评，指导教师批评，师范教师批评，最后是主席批评及总结。

《新实习》系统、全面地对师范生如何实习作了具体要求，直到1941年，国民政府教育部公布了《师范学校（科）学生实习办法》，详细规定了有关教育实习的具体内容，这是我国关于教育实习的第一个专门性的工作条例，师范生的实习得到官方的规范，而陈鹤琴先生的先行探索显现出了弥足珍贵的价值。

第七章
陈鹤琴中国化教育实践与探索的集大成者
——"活教育"理论

第一节　"活教育"与"死教育"

一、"活教育"

"活教育"的提法，最早受到陶行知的影响。陶行知批判中国旧教育是"教死书，死教书，教书死；读死书，死读书，读书死"。1922年，陈鹤琴在一次演讲中就谈到了"活的教育"，并于1927年创办一所南京晓庄试验乡村师范学校开始试验"活的教育"，陈鹤琴应邀出任其第二院（幼稚师范院）院长。"活教育"的思想，在20世纪30年代末就已形成，但只有到了创办江西省立实验幼稚师范学校时，"活教育"才有了真正实施的土壤。1940年，陈鹤琴在江西发表《什么叫做"活教育"》的演讲，吹响了"活教育"的号角。

"活教育"，简而言之就是"不是死的教育"，即反对已经埋没人性的死的教育，反对读死书的死教育，它要摧毁传统教育的锁链，从淫威独断的痛苦深渊中解放出来。

（一）日常生活中的"活"

活的教育前提就是了解儿童心理。陈鹤琴的小孩有一次洗澡时，由于水被母亲烧得太热而号啕大哭起来，最后接连几次被要求洗澡，但小孩还是排斥洗澡，即使是被打，也无济于事。后来陈鹤琴通过改用鸭子洗澡给小孩看的方式，多次试验，小孩多次玩耍，才达到洗澡的目的。由此，陈鹤琴总结出一个宝贵的经验，活的教育不是书本主义的死的教育，打骂无效，且应该杜绝该错误行为，而教育儿童的前提是要了解儿童，认识儿童，要给孩子树立活的榜样。

（二）书本中的"活"

陈鹤琴积极汲取古今中外的教育精华，主张用活的教科书，反对用死的教科书。在美国时他曾参观一个黑人学校，其中一位先生对他说，学校过去所用的许多颜料，都是从德国买进，现在正准备从各种花草中提取和研究，不再买德国货。陈鹤琴被黑人学校的这种研究精神深深震撼，而对国内当时只晓得高唱抵制外货却很少自主创新研究用什么来代替外国货深感痛心。陈鹤琴对此表示，如果要依我们的理想，现在学校的一切课程与教法，都要进行一次总检讨，并予以根本推翻。他认为我们要教儿童所需要和应当知道的东西，不能一再贻误我们可爱的儿童。

之后他参观了比利时大教育家德可乐利的课堂，苏联儿童科学馆，反观我国的教育停滞在几十年以前的少改进少创造的状态中，陈鹤琴对此主张研究儿童的切身问题，为儿童谋福利，主张用活的教科书，所用的教材要利用儿童的手、脑、口、耳、眼睛，每次研究活动记录下来的写实资料，教师选择其中最好的一篇翻印出来给大家用，而不是在夏天来谈雪，在冬天来谈蚊子和苍蝇；主张用又新鲜又方便的实物，而不是出钱去买挂图（可是还有连挂图都不知道用，只是靠口述的），反对只用耳朵听眼睛看，而不用口说话不用脑子想事的教育；主张到田间去，到动物园去，到大自然去，要把儿童的聪明、儿童的可塑性和创造能力发挥出来，重塑活的教育的重大意义。

（三）教法中的"活"

儿童不是皮球，更不是鸭子，而是一个有生命力和生长力的好动的小孩。我们所需要的教育，不是打气或者塞鸭子，我们是要小孩动，时刻地自动，上国语课固然要动，上算术也要动。[①] 陈鹤琴提出国语教法、算术科教法、自然科教法。

1. 国语教法

（1）读法：鉴于孩子尚未具备用文言读法完成普通读文的能力，故主张凡读国语，不必有调子，只须用口语如普通讲话一样地照着文字读出来就好了，并要求读书声音不宜过高。

（2）作文：认为作文要根据儿童的经验，训练其思想，培养他们的情感和启发他们的想象。要禁止成人凭空出题目去苦恼儿童，要求他们从个人自己的生活中找素材。比如养小鸡、小鸭，那么就可以详细写出喂养方法与小鸡小鸭的成长过程。要求教师批改作文时要将原文抄在黑板上让大家共同修改。

（3）写字：主张根据儿童的兴趣和社会需要撰写国语科的书法教材，初学者写字要采用社会实用、儿童易写错而非古怪生僻的字，为减少儿童练习时的厌倦感，要把材料组织并编成有意义的句子给儿童书写。

2. 算术科教法

陈鹤琴认为儿童对数的观念尚未形成，加上怕羞的心理，容易做不好算术，他主张教师根据年级的高低，从游戏或者从儿童本身的实际生活入手，不拘形式地教儿童算术。

3. 自然科教法

该教法主张利用大自然间活的东西来作教材。教师可以根据农作物的季节教授课程，采用农间实物为儿童提供学习素材，如教授萝卜课程，就可以利用萝卜生长的季节设计课程。

---

① 陈秀去，陈一飞. 陈鹤琴全集：第五卷［M］. 南京：江苏教育出版社，2008：17.

4. 美术科教法

美术的教法最重要的是发挥儿童自己的天才，让儿童自己去体验，表现他自己的意思。故该教法主张画画前，让儿童细心观察，并根据自己的心灵感受画出对象。

总之，要想教好儿童，要使我们的教育是活的，不是死的，我们必须要懂得儿童的心理，并用研究的精神去改造现在所用的各种教学法，即教活书，活教书，教书活；读活书，活读书，读书活。[①]

二、"活教育"与"死教育"

教育可以分为家庭教育、社会教育、学校教育。家庭教育和社会教育是非正式的教育，是没有形式的教育；学校教育是一种有形式的教育，是一种正式的教育。那么"活教育"与"死教育"有什么区别呢？

（一）"活教育"

教育目的：培养做人的态度，养成优良的习惯，发现内在的兴趣，获得求知的方法，训练人生的基本技能。

教学：集中在"做"，在做中学，做中教，做中求进步。

设施设备：以儿童做中心的主体的活动。

组织形式：分组学习，共同探讨；儿童自定法则来管理自己；师生共同生活，教学相长。

道德教育：以爱以德感化儿童。

课程与教材：根据儿童心理和社会的需要来编订和选定，具有伸缩性和活动性。

儿童特点：天真烂漫，活泼可爱；工作时很静很忙，游戏时很起劲很高兴。

学校功能：学校是社会的中心，师生集中力量，改造环境，服务社

---

① 陈秀云，陈一飞. 陈鹤琴全集：第五卷［M］. 南京：江苏教育出版社，2008：15 - 20.

会。强调儿童在与自然、社会的接触中，在亲身观察和活动中获得经验和知识的重要性，主张把书本知识与儿童的直接经验相结合。

（二）死教育

教育目的：灌输无意义的零星知识，养成无关紧要的零星技能。

教学：集中在"听"，教师讲，儿童听。

设施设备：以成人（教师、校长）做中心的主体的活动。

组织形式：个人学习，班级教授；以威以畏的教师个人主见约束儿童；师生关系界限分明，隔膜横生。

课程与教材：固定课程，呆板教材，不与儿童特点和时令有效结合。

儿童特点：呆若木鸡，暮气沉沉，不好动，不好问，是小"老人"。

学校功能：围墙式教育，学校和社会毫无联系。①

第二节　"活教育"的目标

陈鹤琴说，"'活教育'并不是一项新发明"。从 1914 年到 1919 年他在美国接受教育时，知名的教育家之一杜威所提倡的美国进步教育对形成中国的"活教育"运动起了相当重要的影响。可见，"活教育"与当时欧洲掀起的"新教育运动"与美国的进步教育运动有着非常深厚的渊源，对它们的成果是有借鉴的。但更重要的是，"活教育"是陈鹤琴自身实践的结果。正如他自己所言："'活教育'在产生和提出之前是有其先行的。"

有感于中国传统教育的弊病，以及当时我国所面临的民族内忧外患的生存危机，陈鹤琴明确提出"活教育"的目的在于培养一个人，一个

①　陈秀云，陈一飞. 陈鹤琴全集：第五卷 ［M］. 南京：江苏教育出版社，2008：15-20.

中国人和一个现代中国人。具体来说，就是要培养具有以下几个条件的"现代中国人"：要有健全的身体；要有创造的能力；要有服务的精神；要有合作的态度；要有世界的眼光。这五个条件是做现代中国人的重要条件，而"活教育"也是要培养儿童具备这五个重要条件。

一、健全的身体

健康的体魄是一个人一生的生活、事业及其抱负的关键性前提。陈鹤琴结合当时中国人被人讥为病夫的时代背景，强调一个健康的人是一个有理想，有乐观积极的生活态度，有责任心，有担当，有毅力，有作为的健全人，强调人必须加强身体锻炼，强健体魄。

二、创造的能力

陈鹤琴认为儿童本来就有一种创造欲，故提倡要从儿童时期培养人的创造能力以改变我国数百年来的因循守旧、固步自封、文化落后和科学不举的问题。陈鹤琴在一次分组研究，共同讨论日内瓦合约问题时，发现儿童抓得住问题的重心，能积极主动地搜集和选择有关材料，能对讨论的问题各抒己见，并找得出问题的正确答案。实践足以证明，儿童喜欢创造并具有创造能力。为了让儿童养成一种创造的能力，陈鹤琴通过劳动和科学的头脑训练培养儿童的创造能力，要求儿童科学认识大自然运动的法则和大社会发展的路向，用科学的方法从做中学，从做中求创造。

三、服务的精神

人类获得的知识和技能需服务于社会才能真正达到教育的目的。陈鹤琴认为，儿童服务精神的培养事关国家民族发展和世界前途发展，应当指导儿童去帮助别人，让儿童了解大我的意义，培养儿童服务社会的意识，服务世界的意识。

四、合作的态度

结合我国抗战时期的儿童英雄人物事迹，让儿童明白合作分工，互相容让，互相商量是中国人做人的基本态度，只有这样一个国家、一个民族才会有凝聚力，才会更加兴盛。

五、世界的眼光

世界的眼光，即对世界的看法。我们要对世界形成正确的看法，必须先了解世界的事物，了解大自然、大社会是怎样运动和怎样发展的。大自然和大社会是与我们人生息息相关的，唯有认识、了解世界，人的眼光才会长远。因此，陈鹤琴主张大自然大社会都是活教材，主张要以宇宙为学校，与大自然、大社会接触，追究大自然、大社会的运动和发展。只有这样才能有世界的眼光，才能做一个真正意义上的世界人。

自鸦片战争和第二次世界大战以后，中国人民越发意识到必须打开国门，为了世界和平必须与全世界人民团结一致，共同抗击危害世界永久和平的一切因素。因此，陈鹤琴认为，中国是世界的一环，不能脱离世界关系而孤立自存，而是除了要过国家的生活以外，还要过世界的生活；不仅要为中国的民主独立而努力，还要为世界和平而奋斗。所以，"活教育"要求我们要进一步做世界人，做"爱国家、爱人类、爱真理"的现代世界人。

爱国家：中国人民，必定要过受国家保障的国家生活，失去了国家，便失去了国家生活的内容。中国不同于其他民族，有其自己特有的民族性质。陈鹤琴所说的爱国家，是要爱我们国家的历史，爱我们国家的人民，从而担负起我们的历史任务，使我们的国家进步繁荣，日新月异，这种爱国家是与爱国家的人民结合在一起的，是与真理紧握着手的。

爱人类：陈鹤琴认为，爱人类应当以真理为依归，是爱站在真理的一面，为真理而奋斗的全体人类。中国革命的胜利，中国人民的幸福，是由受着苦难的大多数劳苦大众建造起来的，而人类的历史也因他们而辉煌。为了实现"世界大同"和"天下一家"的人类最高理想，我们应当了解、同情、帮助、联合爱真理的人，从而共同为世界的前途贡献自己的力量，共同抗击违背人道者。

爱真理：真理是从历史积淀、人民的生产劳动中产生出来的客观事物。它是做人，做中国人，做世界人的最高准则。陈鹤琴认为，爱真理，认识真理，必须养成求真的态度，要脚踏实地，实事求是，而非"一知半解"，"得糊涂，且糊涂"。

第三节 "活教育"的教学原则

原则一：凡是儿童自己能够做的，应当让他自己做

陈鹤琴认为，"做"是教学的基本原则，一切的学习，不论是肌肉的、感觉的、还是神经的，都要靠"做"才能成功。在学校里的一切活动，都应当让儿童自己动手去做，做了就与事物发生直接的接触，就会获得直接经验，就会知道做事的易难，也才能认识事物的性质。而做事的能力与做事的兴趣有关，教师要激发儿童的兴趣，儿童做事的兴趣愈浓，做事能力也就愈强。因此教师要尽可能让学生做他们力所能及的任何事。

原则二：凡是儿童自己能够想的，应当让他自己想

陈鹤琴认为，学校教育中"最危险的，就是儿童没有思考的机会"，教师采用注入式的传统教学法，学生一味地听。因此，教师要改变教学方式，培养学生善于思考、独立思考的能力。在学校里的各种教学、各

种活动也都不应该直接告诉儿童种种结果，而应该让儿童自己去实验，去思考，去求结果。而做教师的责任，则是从旁指导怎样研究，怎样思想，启发他们探究事物的发生与发展的过程，从而得到解决问题的答案。

原则三：你要儿童怎么做，就应当教儿童怎样学

"活教育"反对理论与实际相脱节的教学。陈鹤琴以教儿童游泳需在水里，教烧饭需下厨房等为例，强调在适当的实际环境之中实干，在实干中求知，从而得到较好的学习效果。

原则四：鼓励儿童去发现他自己的世界

"活教育"理论认为，儿童的世界非常之大，有伟大的自然，如四季的花草树木，各种各样的虫鱼禽兽，变幻莫测的风霜雨雪，奇妙伟大的日月星辰等。有广博的大社会，如家庭的组织，乡镇的管理，风俗习惯的形成，国家的富强，世界的进化等。所有的这些大地万物和实际问题，都是儿童的知识宝库，都是儿童获得真知的活教材。成人应当激发儿童的求知欲，鼓励他们自己去探究，去发现。

原则五：积极的鼓励胜于消极的制裁

陈鹤琴认为，消极的制裁不仅没有多大的教育效果，反而会引起学生的反感，使他们产生退缩行为。所以，必须利用人人都喜欢被夸赞的心理来多表扬、少批评儿童，"用鼓励的方法来控制儿童的行为，来督促儿童求学"。

原则六：大自然大社会是我们的活教材

"活教育"理论认为，书本上的知识都是间接的知识，要获得直接的知识，应该从大自然大社会中去追求，去探讨。陈鹤琴以当时的地理、历史为例说："我们何必一定要把一部活地理四分五裂，呆呆板板地教

小孩子死记死读；我们何必一定要把一部中华民族进化史支离破碎，一朝一朝呆呆板板地教小孩子死记死读呢？"他主张，我们要从"现代"的活教材缜密研究到"过去"的史事和地理，要以抗战地来做研究史地的中心和出发点，了解各国的史地及其民族的文化。

原则七：采用比较教学法、替代教学法、暗示教学法、比赛教学法

"活教育"的理论认为，比较教学法是让学生鉴别事物最有效最简易的方法，它能够使学生对于所学的事物，比如通过猫狗、鸡鸭、黑白颜色等方面例子的比较，让学生获得基本知识的掌握，通过教师以身作则和古今中外名人的故事来让学生习得做人做事的基本准则，从而让学生"认识得格外正确，印刻得格外深切，记忆得格外持久"。

儿童具有很强的好奇心与探究欲。儿童是好玩的、好占有的、好动的、好游戏的，"他喜欢做这样，做那样，你没有东西给他做，他就要破坏，就要捣乱。所以我们应通过以物代物、以建设代替破坏、以搜集代替争夺等方式要他做，要他建设，要他创造"；儿童是喜欢群体的，教师要利用他们合群的心理，通过正式的组织来发展他们的能力，以养成他们的群体性。总之，要在处处顾到儿童心理的基础上利用各种替代的方法来满足儿童的欲望，发展他们的个性，培养他们的人格。

儿童也总是有喜怒哀乐、胆小害怕等心理，但儿童又具有较强的受暗示性，在教育的实施过程中不能采用消极命令的硬性教育，而是以语言、文字、图画、动作的积极暗示教儿童，教师在整个教育活动的实施过程中要注意以身作则，注意给学生施加积极的暗示影响。

儿童也是喜欢比赛、喜欢竞争的。陈鹤琴主张教师要利用这种心理去教导儿童，比如通过作文比赛、演讲比赛、阅读比赛、图画比赛、球类比赛、科学比赛、健康比赛等去增加儿童的兴趣，去促进学习的效率；通过合作、奉献、互助等团体比赛培养儿童"做人做事的美德"，鼓励他们接受胜利，担负失败，养成胜者不骄，败者不馁的品德。

原则八：注意环境，利用环境

"活教育"理论认为，在大自然大社会中，可以找到许多活教材、活教具。要想成为一个成功的教师，就一定要注意环境、利用环境。陈鹤琴说："环境中有许多的东西，初看看与你所教的没有关系，仔细研究研究看，也可以变成很好的教材，很好的教具。"他所发明的儿童玩具与教具，就是从生活中的娱乐工具改造过来的。

原则九：分组学习，共同研究

集体学习是教学的主要形式。这是由于一个人思想活跃度与其受教育的刺激程度有关，思考越多，人也就越进步。集体学习既有分组讨论，也有课堂讲授。由于集体中又有智力、体力、能力的个别差异，所以陈鹤琴主张以分组研究、共同讨论的方式进行教学。众人各抒己见，便会有真理出现。

原则十：教学游戏化、教学故事化

游戏是人生不可缺少的活动，不管年龄性别，人们总是喜欢游戏的，将学习活动化为游戏，就会使学习变得"更有趣，更快乐，更能有进步"。但在教学游戏化的过程中，教师要注意方法与教学目的的配合，不能为游戏而游戏。同时，要注意提供给"个个小朋友都能参加"的活动机会。

儿童本身就爱好故事，而故事不仅能促进儿童的情感交流，也能满足儿童的好奇心并激起儿童的想象力。而故事组织的完整性，也适合于儿童的学习心理，因此故事是儿童的一种重要的精神食粮。通过讲故事的形式来学习，儿童一定兴致百倍。所以，教师在教学中应尽可能做到"教材故事化"和"教法故事化"，即用故事的体裁来编排教材，运用教材；利用故事激发和引起学习动机。只有让儿童"乐干"，臻于乐干的境地，儿童才能学得真知识、真学问。

原则十一：教师教教师，儿童教儿童

教师教教师，就是举行教学演示或组织巡回教学辅导团辅导教师一类的组织形式。"活教育"理论认为，一个优良的教师就是教师他自身的条件优越。在职教师如何充实自己，如何提高自己，是最值得重视的问题。用教师教教师，是提高教师水平的有效方法。儿童教儿童比成人教儿童有着明显的三大优势：一是儿童了解儿童的程度比成人所能了解的更为深刻；二是儿童鼓励儿童的效果比成人所能做的更为巨大；三是儿童教儿童可以做到教学相长。陈鹤琴提出儿童教儿童可以个别儿童轮流教，也可以打破学校、城市以及国家之间的界限轮流教，这样不仅能使儿童互帮互助与合作学习，也能使各种文化得到交流和推动。

原则十二：精密观察

观察是获得知识的基本方法，而精密观察则是开启真理宝藏的钥匙。握着这把钥匙，我们便能接近科学的真理。在教学中采用观察的方法，如通过实地观察来施行教学，通过实际研究来培养儿童善用观察的学习态度，将有助于提高教学效果，比如观察所获得的知识是直接的知识，亲身阅历的经验，印象也最为深刻；儿童在观察中容易发现问题和解决问题。因此，儿童在大自然大社会中学会精密观察，不仅能增进学习的效能，也能培养自身学习的兴趣与求真的人生态度，从而获得健全的发展。

精密的观察必须满足四个基本条件，即全面的观察；比较的观察；系统的观察；五官俱到的观察：眼看、耳听、舌尝、鼻嗅、手摸。①

---

① 陈秀云，陈一飞. 陈鹤琴全集：第五卷［M］. 南京：江苏教育出版社，2008：102.

第四节 "活教育"的训育原则

"活教育"理论认为，训育工作在整个教育工作上可说是最繁重最重要的。拟定训育工作的基本原则，"方如旅行有了向导，航海有了指南。因为这样才有所根据，不致茫无头绪，无所适从"。陈鹤琴提出了以下十三条"活教育"的训育原则。

原则一：从小到大

训导的目标就是要学生知道做人，"慎始则善终"，因此教育一个人必须从小抓起，如讲话怎样讲，批评怎样批评，做人的态度，对人的礼貌，以及一切的一切都要从小养成。从小及早加以训练与教育，养成了良好的行为习惯，可收到事半功倍之效。

原则二：从人治到法治，从法治到心理

"活教育"理论认为，人治与法治的最大差别在于：人治易受环境变迁的影响，法治则对于人事权衡有一定的准尺。如孩子为了老师叫洗手才洗手，这是人治观念的支配；为了健康而必须洗手，则是法治观念的支配。

从人治到法治是一个飞跃，一个进步，但"徒循法理，尚不能完全解决训育上的种种问题"，要使学生从服从到自觉，从消极接受到积极内化，就必须在心理上下功夫。所以陈鹤琴说："做一个教师一定要懂得心理。小学教师一定要懂得儿童心理，中学大学教师一定要懂得青年心理和群众心理。不了解心理的人，从事训导工作，是一定会失败的。"

原则三：从对立到一体

"活教育"理论认为，老师与学生之间出现对立、矛盾和冲突等问题，是由于师生之间沟渠分明。我们要避免这种缺陷，老师和学生应当是站在同一条战线的朋友，大家共同向学问进攻，学习为人处世的道理。"老师把学生看作自己的子弟，学生把老师当作自己的父兄。大家在校中共同生活，共同研究，共同学做人。"

原则四：从不觉到自觉，从被动到自动，从自我到互助

"活教育"理论认为，每个人的心中都有一只具有极大潜在力量的"狮子"。但许多人心中的"狮子"是沉睡着的，所以纵有极大的潜在力量，也不能发挥出来。训育的任务，就是把这种糊糊涂涂、浑浑噩噩的"不觉"转变为"自觉"，唤醒学生心中的"狮子"，使他获得力量。

学生能够"自觉"之后，便一定会产生"自动"的能力，而学校是由"自动"转为"自治"的阶段。"活教育"理论认为，学生在训育过程中一般经历完全由老师管理、由团体管理和自己管理的三个阶段。第一阶段是被动的，第二阶段也是被动的，第三阶段则是主动的。从被动到主动，就是让学生学会自我管理，如考试不用监考，而让学生以自己的人格与荣誉来监管自己。

"活教育"的理论认为，人和动物的重要区别在于，动物的自私是不可克制的，人的自私却可以用崇高的道德观念来克制。"舍己为人"是做人的最高理想，训育的目的，就是要让学生养成"互助"的习惯，要教育学生从自我到互助，并逐步向最高理想迈进。

原则五：从知到行，从形式到精神

"活教育"理论认为，不断地做，是养成"习惯"的必要步骤。知

而不行，单是"理论"而无"实践"，就会一事无成。只有"不断地做，习惯养成了，然后才可以持续不断，表现出成绩来"。所以，训育工作的重要使命，就是让学生知而且行，理论联系实际。

"活教育"理论认为，只有表面而没有精神的训育是失败的训育，训育工作不能停留于形式。因此，训导工作者要相当注意，教育的最高境界是使学生"诚于中而形于外"，从外在形式内化到精神。

原则六：训教一体化，促进家校合作

"活教育"理论认为，训育与教学（德育与智育）本来应是一体化的。所以，"学校里专门负责训导的人可以管训育上的计划及各种施行办法，实际去训导学生的应当是全体教职员，把分家了的训教两部分工作重新联结在一起"。而家校为了增强训育的效果，应当消除家校间的隔阂，加强家校的联系。比如，担任训育工作的教师，应常常进行家庭访问，或邀请家长们到学校参加各种活动，从而促进家庭和学校的紧密联系。

原则七：正向积极

"活教育"理论认为，学生犯了错误或有不正当行为，教师应积极消除引起他犯错误或做不正当事的动机，而不能只是消极的防止或制裁。陈鹤琴以教育孩子不许打架为例说："我们要研究为什么小孩子那么喜欢打架呢，那是因为小孩子是好动的，他们的精力是要有地方发泄的，所以学校应当多添些运动器具和娱乐设备，来满足孩子们的合理要求，增进他们的身心健康。"所以，训育工作应尽可能地采用积极的鼓励，而避免消极的制裁。

原则八：以身作则

训育工作的关键是要建立起学生对教师的信仰。这种信仰是由学生

对老师的道德和学识的钦敬所产生的，绝不是用欺骗或权威来获得的。如果教师道德品行有缺陷，"即使他每天唇焦舌敝向学生演讲一大篇做人的道理，也是毫无用处的"。所以，担任训育工作的人，必须保持高尚的道德，言行一致，处处以身作则。①

第五节　"活教育"的学习步骤

"活教育"在 20 世纪 40 年代初被正式提出，它的产生有其深厚的理论渊源、丰富的实践基础及特殊的历史时代背景。它是陈鹤琴长期致力于中国化、民主化、科学化新教育探索的概括和总结。"活教育"产生与发展的背景及其重要因素可囊括为受世界新教育思潮、中国传统教育、陶行知"生活教育"改革实验等教育实践以及陈鹤琴长期以来的新教育探索四个方面的影响。"活教育"的发展历经酝酿期、诞生期、发展期及曲折发展期四个阶段，以至其理论得到升华式发展。②

在《活教育：理论与实施》及《活教育的创造——理论与实施》两部专著中，陈鹤琴全面系统地阐述了"活教育"的"三大目标"、"学习的四个步骤"、"五指活动"计划、"活教育的十个特点"、"十七条教学原则"和"训育的十三条基本原则"等，这一系列理论的产生，标志"活教育"达到初步成熟的状态。同时，这也为研究者阐释"活教育"的四个学习步骤提供了追根溯源的依据。

陈鹤琴把"活教育"的四个学习步骤归纳为实验观察、阅读参考、发表创作、批评研究。③ 他认为"活教育"的四个学习步骤是安排教学

---

① 陈秀云，陈一飞. 陈鹤琴全集：第五卷 [M]. 南京：江苏教育出版社，2008：103 – 110.
② 陈虹. 陈鹤琴与活教育 [M]. 长春：东北师范大学出版社，2010：35 – 54.
③ 柯小卫. 陈鹤琴传 [M]. 南京：江苏教育出版社，2008：314.

过程的依据，它虽然反映的是学习的一般程序，但并不是相互割裂的、机械的。

第一个步骤是实验观察。实验观察，是教学过程的第一步骤，同时也是最重要的一个步骤。实验观察在教学过程中的重要价值，主要依托于"活教育"强调直接经验在学习中的地位和作用。直接经验的获得有两条路径：一是学习者在日常生活中的所见所闻，隐性增加了学习者的经验，日久积累便有所收获。二是学习者通过有目的有计划地观察与实验所得。毋庸置疑，直接经验是学习的基础。学习者通过观察与实验，可获得丰富的直接经验。"活教育"理论将实验与观察放于教学过程的第一步，显得极其必要。陈鹤琴认为，实验观察是学习者获得知识的基本方法，是接近科学真理的钥匙，世界上的科学家和发明家都是运用观察方法的能手，他们通过观察发现了世界的诸多奥妙之处。实验观察的重要意义可归纳为四点：

第一，实验观察是获得知识的基本方法之一。学习者通过实验观察所获得的知识更令其印象深刻，往往不易忘却。

第二，实验观察丰富了儿童的经验。儿童获得经验，往往需调动身体的各个部位去尝试，尝试之中可显见实验观察的影子。儿童通过实验观察所获得的经验，是亲身阅历的经验，往往更具深刻性。儿童通过实验观察，可培养其对世界万物"是其所是"的辨别能力。

第三，实验观察可引导儿童发现、探索问题。"活教育"是要培养富有创造性的儿童，教学不仅要引导儿童解决问题，还要引导儿童发现问题。爱因斯坦言："提出问题比解决问题更重要。"儿童提出问题的前提，则是发现问题，而发现问题的关键又得益于实验观察。实验与观察不仅是解决问题的手段，也是发现问题的最佳途径。

第四，实验观察能激发儿童的学习兴趣和培养他们求真的态度。儿童对于形式化的书本知识往往感到枯燥乏味，当儿童面对活生生的世界时，实验观察则是探寻其奥妙的第一步。儿童通过实验观察，其学习兴趣必能更加浓厚。① 实验观察所依据的是客观事实，这可避免儿童附会造作。陈鹤琴认为实验观察为培养儿童亲身探寻世界的能力提供了支架。因此，"活教育"对教学中的实验观察提出了较为严格的要求：一要全面观察，以概括全体；二要比较观察，以培养分析能力；三要系统观察，以架构知识体系；四要五官俱到的观察。实验观察要求的提出，为学习者科学探究世界万物找到最佳的突破口。

第二个步骤是阅读参考。"活教育"主张以实验观察作为学习的基础，作为教学过程的第一步，但并不排斥间接知识。陈鹤琴认为，间接知识和直接知识是互为补充，缺一不可的。② 由于客观因素限制，不可能所有事物都有条件直接进行实验观察，必要时还得依靠间接知识作为补充，并提供相应的思路。学习者通过实验观察，会有诸多的想法，同时也会发现许多问题的解决办法，但还是有部分问题绞尽脑汁都找不到突破口，此时此刻，就需要通过阅读参考来得到启发，从参考书中找思路。

第三个步骤是发表创作。儿童把实验观察和阅读参考中获得的直接经验和间接经验，认真加以整理，独立思考，融会贯通，对自己的学习成果进行总结，并以编故事、写报告、做演讲等形式发表出来。同时，教师鼓励儿童在创作中尽可能加入自己的新见解，以形成独具特色的作品，这样就会极大地增强儿童的自信心与求知的欲望。在发表创作中，儿童的主动性和创造能力得到了极致的体现。儿童根据自己的直接经验与间接经验，创造具有自身感触性的作品，往往能使儿童的发展达到质的、深层次的飞跃。

第四个步骤是批评研究。陈鹤琴认为，儿童从学习中得到的结论不

---

① 王伦信. 教育家陈鹤琴研究 [M]. 济南：山东人民出版社，2015：249–251.
② 陈秀云，陈一飞. 陈鹤琴全集：第五卷 [M]. 南京：江苏教育出版社，2008：101.

可能完全正确，教学过程的最后一步就是通过集体评论、小组讨论和共同研究等形式进行总的批评。儿童在这一过程中相互启发、相互鼓励以得到改善。批评研究，作为教学过程的最后一步，往往具有不容忽视的作用。通过批评研究，儿童的实验观察、阅读参考、发表创作三个步骤所收获的知识得到肯定的同时，也得到了一定程度的否定。在批评研究环节收到否定的经验，又迫使儿童重新进行实验观察，并一步一步进行验证，即又是新一轮的实验观察、阅读参考、发表创作、批评研究。

第六节　"活教育"中的五指活动计划

五指活动计划作为"活教育"的理论之一，在陈鹤琴的整个"活教育"理论体系中具有不容忽视的地位。"五指活动"作为一种新的课程结构，对幼儿园教学具有举足轻重之意义。

五指活动的目的旨在达成儿童的理想身心状态。陈鹤琴之所以把"五指活动"比拟为人的五个指头，是因为五种活动正像一只手的五个指头，各个指头又构成一个既相互关联又独具特色的整体。毋庸置疑，五个活动中缺一个则会破坏活动的平衡，发展成失衡的状态。为使活动的平衡状态得以保证，需时时刻刻强调活动的整体性。陈鹤琴把五指活动囊括为儿童健康活动、儿童社会活动、儿童科学活动、儿童艺术活动、儿童文学活动。[①] 他的五指活动计划，为幼儿园的五大领域活动教学提供了有利的理论依据。五指活动具有整体性的特点，每一个活动又潜藏着独有的特点。

第一，儿童健康活动。儿童健康活动在儿童的发展中处于基础地位，

---

① 陈秀云，陈一飞. 陈鹤琴全集：第六卷 [M]. 南京：江苏教育出版社，2008：245.

身体是革命的本钱，只有儿童的身心得以健康发展，儿童开展其他学习活动才能变成可能。因此，儿童健康活动的核心目标为培养儿童健全的心理、强健的体魄。为使儿童健康活动的核心发展目标得以实现，需从体育活动、个人卫生、公共卫生、心理卫生与心理安全方面着手开展适宜于儿童身心发展特点的活动。

第二，儿童社会活动。儿童社会活动核心目标为培养孩子适应社会的能力，旨在帮助孩子适应社会万事万物的发展与变化。儿童社会活动的培养目标可概括为：一是使儿童明晰个人和社会的关系；二是使儿童参加社会活动，培养其服务团体的意识和兴趣；三是使儿童了解省、市地区和全国的关系及中国与世界的相互影响，激发其爱国情怀，并为弘扬其民族精神奠基；四是根据时事的演变探求今后世界新趋势。为使儿童社会活动的核心发展目标得以实现，教师需从公民、历史、地理、时事方面着手开展相应的社会领域的活动。

第三，儿童科学活动。儿童科学活动旨在培养儿童探求世界奥妙的能力，从而为儿童后期探寻世界敲开研究兴趣之门。儿童科学活动内容具体可概括为：一是增进儿童科学知识；二是培养儿童实验兴趣；三是启迪儿童创造能力。儿童创新创造能力得以发展，需要成人在儿童的关键发展期就辅之以相应的科学领域活动的安排与引导。陈鹤琴认为，要使儿童的科学探究能力得以发展，需以生物、理化、工业及生产劳动为依托开展相应的活动。

第四，儿童艺术活动。陈鹤琴认为儿童艺术活动培养的核心目标为：一是陶冶儿童的性情；二是启迪儿童的审美感；三是发展儿童的欣赏力；四是培养儿童的创造力。为使以上四个目标得以实现，教育者可从音乐、美术、工艺、戏剧方面着手开展相应的艺术活动。

第五，儿童文学活动。儿童的文学功底，并不是一蹴而就达成的，需在儿童语言发展的关键期就辅之以相应的引导，才可达到理想的状态。

陈鹤琴认为儿童文学活动的培养目标为：一是培养儿童对于文学的欣赏能力和发表能力；二是培养儿童对于中国文字的认识和运用；三是培养儿童对于文法修辞的研究兴趣；四是培养儿童对于文学的创造能力。为使以上儿童文学活动的目标得以实现，教育者可从童话、诗歌、谜语、故事、剧本、演说、辩论、书法方面着手开展相应的文学活动。

综上所述，五指活动基本涵盖了儿童生活的各个方面。五指是活的，可以伸缩，互相联系。依据儿童身心的发展，五指活动在儿童生活中结成教育的网格，有组织有系统，合理地编织在儿童的生活上。幼儿园的课程基本包括在五指活动中，并采用单元制，且各项活动都围绕着单元进行教学。五指活动课程和儿童的生活打成一片，也可以说是儿童的生活课程。这种课程是一个互相联系的、连贯的整体。这一思想在《幼儿园教育指导纲要（试行）》和《3—6岁儿童学习与发展指南》中可窥探出踪影，如将幼儿园教育内容描述为：可以相对划分为健康、语言、社会、科学、艺术五个领域，也可有其他不同的划分。各领域的内容相互渗透，从不同的角度促进幼儿情感、态度、能力、知识、技能等方面的发展。在课程设计中，五指活动要求教育者以儿童活动的方式代替传统的知识传授方式。陈鹤琴认为，教育者在具体实施过程中需要做到两点要求。第一，教育者要放弃过去那种凡事均替儿童决定的方式，务必肯定儿童在活动中的主体地位，发挥儿童的主动性，在确保儿童安全的前提下，放手让儿童自己去选择，去探究。正所谓放手即自由，让儿童徜徉于自由的世界，会使其收获别样的成长果实。在活动中，活动时间可以随儿童的兴趣拉伸或缩减。儿童一旦发挥主体作用，其兴趣点就会逐渐延伸下去。五指活动要做到让儿童主动地由伸出一个手指到伸出一双手来探路，来研究。教育者只要稍加指点即可。教育者编排的活动往往要设想各个领域的活动，而且要花时间去激发儿童的动机，既费时费力，还达不到儿童自发活动的效果。五指活动，恰好解决了教育者编排活动的部分困惑。第二，教育者要在儿童活动中尽量采用合作学习的方式，促进儿童之间的相互了解。要让儿童在活动中发挥主体性，就必须让儿童自我判断、自我肯定，有正确的是非判断能力。现在很多幼儿园里互动的主要类型是教师和幼儿之间的互动，如果增加幼儿之间的互动频次与形式，不仅可以减轻教师的工作负担，而且对培养幼儿的独立性有极大的益处。五指活动只有在儿童的自主活动充分开展时，才能按照儿童的兴趣伸缩自如。① 五指活动的应有之义，全凭"活"字彰显。教育者在开展五指活动过程中，需真真切切领悟"活"字的真谛，才可悟透五指活动的真正内涵。

第七节　"活教育"的十大特点

"活教育"思想，由陈鹤琴先生于 1940 年在江西省立实验幼稚师范学校提出，经过七年的教学实践建立的一个教育理论体系。它既是陈鹤琴长期教育实践的概括和总结，又有着深厚的理论基础，是中西文化与教育思想融合的产物。"活教育"理论相较于其他理论具有其特色。"活教育"理论能够为后人教学所用，主要源于该理论的实践价值。陈鹤琴认为，只有真正认识儿童，了解儿童，呵护儿童，才能谈及教育儿童的话题。与此同时，陈鹤琴还强调，教育好儿童的前提，是必须要使教育充满生机与活力，带有生命性质的，而不是死的。"活教育"历经实践的洗礼，其理论特点可概括为以下十点。

第一，"活教育"的中心是儿童，在整个学习过程中儿童就是能动的核心。学校中的一切活动中心需围绕儿童，活动内容的选择需充分考

---

① 张毅龙. 陈鹤琴教学法［M］. 北京：教育科学出版社，2007：142 – 143.

量儿童的身心发展规律。教师可以建议儿童去学什么，但最终是要由儿童来决定的。在旧教育制度下，学校的一切由教师控制，校长和教师是学校活动的中心。"活教育"此特点重点阐明，为促进儿童的发展，学校的所有设施、活动都应秉持"以儿童为中心"的理念，以此理念为基石，用儿童视角去看待孩子，用心浇灌儿童的心灵，使儿童成长为内心强大、胸怀宽容之人，从而为其未来发展奠定坚实的基础。

第二，"活教育"的目的是要培养儿童有良好的行为习惯，发现他内在的兴趣，提升他生活的艺术水平。恰恰相反，传统教育则设法给儿童灌输一些无价值的和片面的知识或艺术。雅斯贝尔斯言："教育的本质是一棵树摇动另一棵树，一朵云推动另一朵云，一个灵魂唤醒另一个灵魂。"教育不应该带有任何的功利色彩，掺杂任何杂质，而应时刻保持最纯洁、最真诚的态度。教育具有导向性，"活教育"的第二大特征所提及的目的性，印证了教育的导向功能。陈鹤琴认为"活教育"主要培养儿童做人的态度，使其养成良好的习惯，发现内在的兴趣，获得求知的方法，从而明白生命的立根之本。做人的态度、良好的习惯、内在的兴趣、求知的方法，这一切目标达成的关键在于教育者需从基础教育阶段着手。教育者只有从基础教育阶段入手，才能使教育内容深入儿童的内心。同时，只有浸入内心的教育，才能被称为成功的、纯真的、深刻的教育。

第三，新的制度着重在做。陈鹤琴提出的"做中学、做中教、做中求进步"始终是我们的座右铭。旧的教法集中于听，老师讲，学生听。在"做中学，做中教，做中求进步"与传统教育以"教师、书本、课堂"为中心形成鲜明的对比，同时也形成了巨大的效果反差。陈鹤琴所倡导的在"做中学，做中教，做中求进步"显现了儿童在整个教育过程中的主人翁地位，极致地激发了儿童的主动性，激发了儿童求知的积极性，调动了儿童的学习兴趣。

第四，"活教育"促进分组学习，集体研讨。陈鹤琴认为儿童根据自己的需要和爱好，可以去各种小型的活动中心，如动物园、文娱室、工作车间、花园、图书馆、社交集会、美术馆、健身房等。旧教育着重个人读书与课堂教导，儿童被关在教室内，很少活动。"分组学习，集体研讨"属于教育方法领域的内容，传统的教学方法呈现沉寂、固守特点，故不利于培养创新型人才。因此，教育者在教学过程中，需更新自身观念，采取分组学习、集体研讨的教学模式去引导、教育学生。

第五，在新制度下，儿童在慈爱的气氛中成长。而在旧制度下，儿童则受到恐惧与威胁的影响。教育者为儿童播撒的种子类型，往往决定了儿童本质。孟子的"性善论"所折射的"人之初，性本善"，往往需要给予儿童爱的滋养，才可延续儿童本性的善。儿童特有的纯真、善良、活泼的秉性，从长远视角而言，需要慈爱气氛的熏陶与感化方可延续。

第六，在新制度下，课程是根据儿童的心理和社会的需要来编订的，而且教学的材料在需要的时候可以变动，这就强调教育者在教学过程中，需有生成性课程思维。而旧制度的课程是固定的，教材是一成不变的，不管其是否合理，或是否能被儿童理解。"活教育"的此特点，从课程的视角出发，鲜明阐释了"活"字所显现的魅力。"活教育"目的的实现，需要以课程为中介。课程选择是否科学，在一定程度上决定了"活教育"目标的达成度。

第七，在新制度下，儿童靠自尊与自制来进行自我管理。而旧制度下，教师根据他自己的意愿来约束儿童。儿童活泼好动的天性，决定了其会违背成人制定的规则。站在儿童的立场上，成人制定的规则大都未能考量儿童身心发展的特殊性，带有强迫性质。从这一层面而言，成人在培养、教育儿童的过程中，则需秉承"以儿童为中心"的理念，拟定符合儿童年龄阶段特点以及接受水平的规则，才可真正达到预期的效果。

第八，在新的学校内，儿童活泼可爱，忙碌工作，快活游玩。在传统学校内,儿童没有生机与活力,他们不好动、不好问。"活泼可爱"是儿童天性的最佳诠释。"忙碌工作,快活游玩"则是儿童最佳成长状态的显现。在"活教育"此特点的要求下,学校达成了其预期的教育目标,儿童在成长过程中体现的状态反映了儿童为上的观念。

第九,在新学校内,教师与儿童共同生活,共同工作,共同学习。在传统学校内,教师与儿童界限分明,他们之间很不和谐。教育者与儿童相处的关系应是平等、和谐的关系。不管是教育者,抑或儿童,都是鲜活的生命,都是独立的个体。在这一理念支撑下,教育者与儿童应平等对话,共同成长。

第十,在新的制度下,学校是社会的中心,教师与儿童集中力量,重整环境,为社会服务。而在旧制度下,学校与社会隔绝,没有任何联系。"活教育"的此特点阐明了学校的社会服务功能。儿童作为未来服务社会的群体,必须通过学校这一载体来实现。学校教育的预期目标需要教师与儿童共同协作完成。

第八节　"活教育"的实践

"活教育"的理论孵化于陈鹤琴先生创办的幼稚教育机构,又服务于其幼稚教育机构,同时在实践过程中,又获得质的升华。[①] 从"活教育"主张提出的时候,陈鹤琴就致力办一所学校实验"活教育"的理论。1940年,陈鹤琴在江西创办我国第一所公立幼稚师范学校——江西省立实验幼稚师范学校,三年后,该校改称国立幼稚师范学校,并设专修科,形成了一个从中级到高级的完整的幼稚师范教育体系。该校的创

---

① 王伦信. 教育家陈鹤琴研究［M］. 济南:山东人民出版社,2015:261.

办目的在于实验"活教育"的理论，使其能成为全国广泛的教育运动。①
"活教育"的理论也是在这一实验过程中逐步得到丰富和完善的，同时，
这也是陈鹤琴长期探索建立完整中国化学前教育体系的结果。

　　陈鹤琴在学校实验"活教育"理论的历程中，不论课程、教学、训
导和教材各方面都依据"活教育"思想的精髓进行尝试，同时，把尝试
阶段汲取的经验教训进行省思，并继续实践。陈鹤琴先生根据从生活出
发，从"做"出发的"活教育"原则，在学校建设和日常生活中凡是儿
童自己能做的，都让儿童自己做。如烧饭、洗衣、筑路、编草（盖房
用）、种菜、养猪养鸭、种花、做工艺项目，都由学生轮流做。该校的
课程内容和教法面向实际适用，面向"做"，如公民课不是像过去那样
由教师讲授给儿童一番做人的道理，而是选定一二十种优秀人物的传记
供儿童学习，给儿童树立一种潜移默化做人的模范。教学方法是采用小
组讨论等方式，研究人生的重要问题，并在实际活动中养成儿童的习惯，
磨炼儿童的人格。②

　　幼稚园教师课程实验的目的是按"活教育"的理想总结出从幼稚园
到幼稚园教师的学前教育系列的系统课程方案。幼稚园教师课程实验主
要分为四期：一是开创期。试用活教材活教法，初步进行试验。二是实
验开始期。整理已用活教材和活教法，拟定实验方案。三是实验修订期。
修订上期结果，做精密的实验。四是实验完成期。继续修订，完成实验
课程。在执行过程中，课程教学在教材教法上表现出别样的特色：一是
不纯用课本。当时国内原来就没有为幼稚园教师编过教科书，幼稚园教
师的各种教材往往不限于一两本固定的教科书，陈鹤琴主要倡导要在大
自然大社会中找活的教学材料。如自然科，即以某一自然现象为教材，
开展对它的研究。社会科，则以某地区发生的某种现象，研究它的地理

---

①　陈秀云，陈一飞. 陈鹤琴全集：第五卷 [M]. 南京：江苏教育出版社，2008：36.

②　陈秀云，陈一飞. 陈鹤琴全集：第五卷 [M]. 南京：江苏教育出版社，2008：11 – 14.

环境、历史背景。又如儿童心理与幼稚教育等学科，便在幼稚园的教室，直接对天真活泼的儿童进行研究。二是活用书本。书本作为参考研究的资料使用，教学主要以实验观察为基础。如在幼稚教育、儿童心理等科目的教学中，先去幼稚园观察儿童的表现，真切感知具体活动的真切样态，然后整理观察记录，参考有关的图书资料。教学的过程本身也是一个研究的过程，学生不仅运用已有的图书资料，而且还可将整理后的观察记录、研究成果作为大家的参考资料。教材教法所彰显的特点，淋漓尽致地反映了"活"的真正意蕴与本质。陈鹤琴在学校的实验，总算取得了初步的理想结果，预期目标基本达成，这为其继续沿着"活教育"的理想之路奋斗，埋下了坚实的种子。1942 年，陈鹤琴总结出"活教育"教学过程的四个步骤。1944 年前后，陈鹤琴又提出代替全部课程的"五指活动"——健康活动、社会活动、科学活动、艺术活动和文学活动。这段时间可被视为"活教育"课程实验的完成期。"活教育"的实验还包括训导方面，陈鹤琴的十三条训育原则就是在这一实验过程中提出的。

上海市立幼稚师范学校的创办，意味着陈鹤琴的"活教育"理论获得新的质的飞跃。陈鹤琴先生在江西省立实验幼稚师范学校的实验，为"活教育"的理论奠定了坚实的基础，其播下的预想种子，在上海市立幼稚师范学校获得新的成长。因此，陈鹤琴为上海市立幼稚师范学校确定的总的教育宗旨为"培养优良师资实验及进行'活教育'"。同时，从锻炼强健身体、陶冶道德品格、培养民族文化、充实科学知能、养成勤劳习惯、启发研究儿童教育之兴趣以及培养终身服务教育之精神的七个具体方面对师范生进行训练。到上海后，"活教育"的五指活动课程方案，教育过程的四个步骤，以及教学、训育的原则已形成。上海市立幼稚师范学校的教学活动也基本上是按照"五指活动""四个教学步骤"的框架进行的，并践行其真正的内涵。上海市立幼稚师范学校附属小学和幼稚园，都是师范生实验及"活教育"研究的场所。在小学部实行"活教育"的五指活动教学时，教学的过程则分文学、社会、科学、艺术和健康五个部分，儿童上课分别在不同的活动场所。儿童的品德教育和课外活动也以"五指活动"的方式进行。"活教育"的实施常常是围绕一个选定的主题以大单元教学的方式进行。

"活教育"在江西省立实验幼稚师范学校的实践，以探索、总结理论为主。"活教育"理论历经江西省立实验幼稚师范学校的实践后，陈鹤琴先生对"活教育"理论有了初步的构想，依照构想其提出了一套理论体系。而"活教育"在上海市立幼稚师范学校的实践，则以实施推广、完善发展为主。陈鹤琴先生在上海的实践，主要将其在江西实践总结的成果进行相应的实验，同时将"活教育"理论进行完善与发展，以期到达质的提升。"活教育"理论体系的形成，为中国化的教育提供了科学的指引依据。

第八章
陈鹤琴中国化教育实践与探索的若干第一

第一节　中国第一本儿童心理学专著
——《儿童心理之研究》

　　1925 年，商务印书馆以大学丛书分上下两卷出版了陈鹤琴的《儿童心理之研究》，这是中国第一部研究儿童心理的专著。当时，世界儿童心理研究已有很多年的历史，产生了夸美纽斯、卢梭、席格门、克伯屈、桑代克等教育家和心理学家。他们研究儿童的心理不仅细致、全面，而且研究的方法也逐渐成熟。陈鹤琴正是在深入研究和了解这些儿童心理学成果的基础上，"以传记法为主，交叉运用了各种方法。其中通过实录儿童发展的方法对长子陈一鸣的追踪研究，使他成为运用这一方法，以中国儿童为对象进行有目的有系统的观察，并取得丰硕成果的第一位中国学者"[①]。该书共 24 章，在内容上有这样几个鲜明的特点：

　　第一，通过细致、深入、持久地观察儿童身心成长过程，得出科学的结论。一是陈鹤琴以自己的孩子为对象，进行了长达 808 天的观察。1920 年 12 月 26 日，陈鹤琴长子陈一鸣出生，从一鸣出生开始，陈鹤琴

---

① 王伦信. 教育家陈鹤琴研究［M］. 济南：山东人民出版社，2015：88.

便以一鸣为实验和研究的对象，对其身心发展进行了长达 808 天的连续观察，并以文字、照片的方式记录了孩子从动作、能力、情绪、言语、知识、绘画、思想等各方面的成长情况。他观察之细致，记录之详尽，客观地保留和展现了以一鸣为个案的中国儿童从出生到成长 808 天的身心发展过程，得到了很多儿童身心发展的第一手观察资料。二是陈鹤琴以自己两个侄子（一个 13 岁、一个 11 岁）为观察试验对象，开展镜画试验，时间是 57 天，探究儿童学习的阶段性问题；对儿童好奇心的研究则是记录了 270 天，提出 357 个问句，并通过观察、分析得出结论。这种科学的态度和方法，让人看到了认识、研究的新视角、新途径，得出的结论自然也更可信，更有价值。

第二，吸收并系统、全面地介绍了世界儿童心理研究的成果。书中不仅单辟一章即第二十三章"研究儿童的历史"，概述了世界儿童心理研究的发展脉络及主要人物、重要成果，而且注意在方法上、成果上吸收、借鉴世界儿童心理研究取得的最新成果，并将其研究成果与自己的观察情况进行比较，发现中西儿童身心成长的不同表现及特征。几乎在每一个问题上，陈鹤琴都会把世界心理学界对这个问题的研究现状和成果进行展示，能够利用的就加以直接利用，和自己的研究结论有不同的也加以指出和比较，使整部著作即使不是心理学专业的人士读之，亦能从中看到当时世界心理学界对这个问题的思考、观点、方法、结论，看到儿童心理的普遍性，更能从中看到陈鹤琴探索的创新点、深入点。所以，王伦信说："《儿童心理之研究》首先是对世界性儿童心理科学研究成果的综合展示，它是我国当时介绍国外儿童心理学研究成果在系统性、全面性方面走在最前列的一部著作。"①

第三，内容全面，涉及儿童身心发展的各个领域。陈鹤琴把观察到的情况和自己深厚的心理学理论素养完美地结合，全面展现了儿童心理、

---

① 王伦信. 教育家陈鹤琴研究［M］. 济南：山东人民出版社，2015：88.

生活、能力的发展情况，使儿童感知、记忆、想象、思维、情感、意志等心理表现得到了具体的分析和展现。我们不仅可以从中看到儿童的心理特征，如模仿、暗示感受、好奇、惧怕，而且可以看到游戏、玩具给儿童生活与行为带来的影响，还能看到知识、言语、美感、绘画、思想、道德在儿童身心成长中的表现和作用。不仅如此，书中还有对男女儿童心理发展差异的探究，对聋哑和口吃儿童的心理特征、言语、记忆等方面与正常儿童的对比探究。

30 余万字的著作，其研究方法之新颖、视角之独特、表述之严谨，令人耳目一新，其在中国心理学史上的地位也十分重要。"《儿童心理之研究》是我国学者试图通过对西方儿童心理科学广泛深入的研究，并依靠自己的实验观察，建立我国儿童心理学学科体系的最早尝试。"① "《儿童心理之研究》是中国儿童心理学开拓性著作。不但 1949 年前一直是一部权威性的著作，就是在今天，他的研究精神，仍然值得我们学习。"②

第二节　中国第一本家庭教育专著
——《家庭教育》

1925 年，陈鹤琴《家庭教育》由商务印书馆出版，此后，该书由多家出版社再版多次，被陶行知称为"近今中国出版教育专书中最有价值之著作"③。《家庭教育》一书也是陈鹤琴将理论与实践结合总结出来的著作。这本书受了《佛戴之教育》和《自然教育》两本关于家庭教育的著作的影响，结合陈鹤琴抚育儿女的经验总结而成，是陈鹤琴应用文献

① 王伦信. 教育家陈鹤琴研究 [M]. 济南：山东人民出版社，2015：87.
② 朱智贤，林崇德. 儿童心理学史 [M]. 北京：北京师范大学出版社，1988：546-547.
③ 陈鹤琴. 家庭教育 [M]. 2 版. 上海：华东师范大学出版社，2013：1.

法、观察法、案例法研究家庭教育的成果。书中例证大多从一鸣身上归纳，所以陶行知说此书可以"当作《一鸣之教育》看"。本书初版时共分12章，所述教育原则有100条。后来再版时又增加一章，并附录了不同时期发表的家庭教育的文章，共同构建了陈鹤琴家庭教育思想的基本内容。主要表现在以下几个方面：

第一，指明了家庭教育对儿童成长的重要性。陈鹤琴认为："幼稚期（自出生到7岁）是人生最重要的一个时期，什么习惯、言语、技能、思想、态度、情绪，都要在此时期打下一个基础，若基础打得不稳固，那健全的人格就不容易形成了。"① 因此，儿童"知识之丰富与否，思想之发展与否，良好习惯之养成与否，家庭教育应负完全的责任"②。家庭教育在儿童成长的过程中具有不可替代的重要作用。

第二，如何做好家庭教育，这是重点。陈鹤琴在书中进行了全面的概括。

家长做好家庭教育的前提是要掌握儿童的心理特点。陈鹤琴认为，家庭教育必须根据儿童的心理发展水平方能行之得当。若不明儿童的心理而妄施以教育，那教育必定没有成效可言。他指出，儿童的心理有七个特点：好游戏、好模仿、好奇、喜欢成功、喜欢野外生活、喜欢合群、喜欢称赞。家长掌握儿童这七个心理，依据儿童的心理因时因地施行教育，才可能有良好的效果。

家长与儿童的关系是平等的，这是做好家庭教育的基础。陈鹤琴指出："旧式家庭往往把小孩子当作'小成人'看待，既叫一个活泼好动的孩子穿起长衫马褂来以限制他的动作，又叫小孩子一举一动要模仿成人的样子。无怪国中多'少年老成'的小孩子了。"③ 因此，他主张家长要成为孩子的伴侣，这样就能消除家长与孩子的隔膜，培养感情，便于

---

① 陈鹤琴. 家庭教育［M］. 2版. 上海：华东师范大学出版社，2013：7.
② 陈鹤琴. 家庭教育［M］. 2版. 上海：华东师范大学出版社，2013：1.
③ 陈鹤琴. 家庭教育［M］. 2版. 上海：华东师范大学出版社，2013：27.

随时随地教育、矫正孩子的行为。这种平等的关系也有利于尊重孩子的独立性、自主性，培养孩子的自尊心和自爱心。

家庭教育要注意孩子情绪、健康的管理和品行、性格、习惯的养成，这是家庭教育的目标。在书中，陈鹤琴针对孩子表现出的惧怕、恐吓、惊慌、哭泣等情绪反应，要求家长要理性地进行管理，同时，要注重孩子的健康管理，让孩子的身心能够健康成长。家庭教育最重要的，是要对孩子的品行、性格和习惯的养成发挥重要的作用。要培养孩子能够顾虑别人的安宁，要有同情心，有礼貌，诚实，不傲慢，有爱人之心，同时，要养成整理的习惯，养成自己的事自己做的习惯等。一个孩子能否阳光健康、诚实守信、文明向善，家庭教育在这个孩子的成长过程中确实是十分重要的影响因素。

掌握科学的教育方法是做好家庭教育的关键。如何实现家庭教育的目标？陈鹤琴提出了很多具体的方法，概而言之，主要是以下六种：一是多用积极的暗示。"暗示对于教育的意义在于利用特定的情境去影响受教育者的认识和情感。"① 暗示的目的是通过这种特定的情境让儿童在不知不觉中受到影响。二是鼓励为主。"积极的鼓励是儿童在发展过程中进入良性循环的内在动力。"② 以鼓励为主，就是通过鼓励让儿童保持一种兴奋情绪，产生进一步追求成功和道德品行发展的内在的心理动力。三是积极地引导。引导孩子认识自然、社会、环境，扩展孩子的经验与认识。四是自己的事情自己做。如整理玩具等，培养孩子的动手能力，锻炼孩子的肌肉筋骨。五是细心观察。比如孩子哭泣，要找准孩子哭泣的原因，不要一味地简单呵护。六是学会拒绝。对孩子的无理要求，要学会拒绝，不能一味地满足和溺爱。

父母的榜样作用是做好家庭教育的保障。在书中，陈鹤琴多次强调父母在家庭教育中以身作则的重要作用。由于孩子在认知的过程中，大

---

① 王伦信. 教育家陈鹤琴研究 ［M］. 济南：山东人民出版社，2015：102.
② 王伦信. 教育家陈鹤琴研究 ［M］. 济南：山东人民出版社，2015：103.

人的身教在其中起着示范、引领、潜移默化的作用，家长的以身作则就显得十分重要，一定程度上说，它会影响孩子的一生。因此，要做好家庭教育，一定不能忽视家长的榜样作用，这也为家庭教育中的家长提出了很高的要求，需要家长时时注意自己的言行、好恶以及自身习惯的改变。此外，在家庭教育中，陈鹤琴还要求父母对孩子的教育必须采取同一的态度，才能保证教育的成功。因为父母意见相左的教育会暗示儿童行为价值的不确定性，对缺乏鉴别能力的孩子尤其有害。

　　适当的责罚是做好家庭教育的辅助手段。责罚的目的，"一方面是要激发小孩子的羞恶之心，还有一方面是要使小孩子改他以前的过失"①。当责罚作为一种教育孩子的手段时，陈鹤琴担心的是"一般做父母的不知道怎样责罚小孩子，以致损害小孩子和自己的人格"。所以，为了防止父母滥用家长的威权，他在书中把责罚小孩子的条件罗列出来，提醒人们要善于诱导、善于分析、善于尊重孩子羞恶心，而且要讲究方式、时间、环境，克制自己的情绪，等等。其主要的观点，就是责罚不可避免时，要懂得责罚的方法，更要注重责罚产生的效果，不能因为责罚而影响孩子的身心健康和成长。

　　第三，如何做合格的父母和高度重视女子教育。这包含了陈鹤琴在二十世纪三四十年代深入研究家庭教育的成果，后来也被收入了再版的《家庭教育》一书中，无疑也是陈鹤琴家庭教育思想的重要组成部分。除了在初版中所包含的父母要以身作则，要细心研究孩子的情况等内容外，陈鹤琴从母亲教育对儿童教育的重要性上着重提出了女子教育的问题。他认为"现在的女子就是未来的母亲"，"未来母亲的教育程度，全看现在女子教育的良否"，"儿童教育，归根结底还是先从女子教育说起"。他还指出，女子教育最重要的时期是初中阶段。但根据当时中国的情况，因为大多数女子不能进入初中，最重要的时期还是在小学五六

---

① 陈鹤琴. 家庭教育［M］. 2 版. 上海：华东师范大学出版社，2013：143.

年级。他认为"许多女子在这时期身体渐渐发育，女性特征已渐渐显著，有些做父母的知识技能，不妨从此刻开始教授，各种做母亲的良好习惯，可以在此时及早养成"，因此提出"女子教育的施行还要着重儿童时代。儿童教育与女子教育，实在是迭相为用，互为表里的"。

正因为这本书是用"科学的头脑、母亲的心肠"写就，所以陶行知先生说"这本书是儿童幸福的源泉，也是母亲幸福的源泉"。

第三节　中国第一所实验幼儿园
——鼓楼幼稚园

鼓楼幼稚园是陈鹤琴 1923 年在自己家里创办的幼稚园，最开始入园儿童仅 12 名。到 1925 年，由于园舍过小，在东南大学及有关人士的支持下，在陈鹤琴住宅附近购得三亩地建成新园。1952 年 8 月，陈鹤琴主动将设立在自己名下的中国最早的实验幼儿园——私立鼓楼幼稚园，交由政府接办，改名为南京市鼓楼幼儿园。[①] 直到今天，鼓楼幼儿园都是全国闻名的幼儿园。

陈鹤琴创办这所幼稚园的动机，有远的动机和近的动机两种。远的动机：热爱儿童，对儿童教育特别有兴趣。主张教育儿童从小教起，研究教育要从基本教育——幼稚教育做起。在东南大学担任教授时深感研究教育非从儿童实地研究不可。近的动机：1923 年，一鸣（陈鹤琴的长子）已实足 3 岁，正值进幼稚园年龄。这时候研究儿童教育及儿童心理正需要实验机构。[②] 所以，鼓楼幼稚园从一开始，就是为了推进幼稚教育的中国化实验。

---

① 柯小卫. 陈鹤琴画传［M］. 成都：四川教育出版社，2012：213.
② 张泸. 张宗麟幼儿教育论集［M］. 长沙：湖南教育出版社，1985：394.

　　陈鹤琴一直认为当时中国的幼稚园宗法西方国家或日本，不适合中国国情。因此，鼓楼幼稚园的实验以课程实验为突破口，为主导。他们的课程实验分课程组织实验和学科实验，从 1925 年开始，到 1928 年结束。陈鹤琴和张宗麟共同在 1926 年写了《一年来南京鼓楼幼稚园试验概况》，并在 1928 年 5 月合著《幼稚园的课程》，对这个实验作了全面的总结。

　　鼓楼幼稚园的课程实验分成三期：第一期，散漫期。为时半年左右。这一时期的特点是按照一切课程是儿童的，一切课程是当时当地儿童自发的活动；教师的责任只有供给儿童的询问及各种应用材料，并指导儿童使用所需要的材料；注意于儿童身体的健康、动作的活泼；不愿儿童受纳许多呆板的知识和斯文如木偶的礼节这四条原则。拟定课程标准和方法，即废止通常幼稚园课程，尽可能布置一个极完备的环境，使儿童随地可以遇到刺激，自发地活动。针对某种活动或观念布置特定环境刺激儿童。凡儿童在园的时间都是教师的工作时间，有分工，但没有严格的界限。最后的结果是存在教师穷于应付，儿童平面上打转，不好动的儿童呆坐，儿童渐渐有倔强的神气，注意力难以集中等问题，难以维持。第二期，论理组织期。从组织入手，依然坚持以儿童为主，合于当地的、当时的环境等原则，先拟定下一周的课程大纲，根据这个大纲，到了星期五来讨论、决定下周用什么活动、怎样做法，根据这张细目分别去找材料，在实行预定课程时，教师就依着表上所列的一件一件去做，做不了的，移到下周再来做，不足的再找新的材料补充。这样做，困难确实减少了，儿童的学习成绩也比前一期进步了，但又存在许多不能填补的陷阱，如强制了儿童的兴趣，蔑视儿童的个性，教材常常会不适用，临时发生的事情很难插入，失去许多良好的机会，剥夺了儿童许多自由。第三期，设计组织期。其路径是本星期教师会议上讨论下星期大约可以做些什么，将要做的活动拟定以后商议它的内容，大约有几个步骤可以做，教师详细预备各活动内应用的材料和可以参考的书，寻找或布置适当的环境来引起这个设计。儿童既然感兴趣，教师就顺着儿童的兴趣引起各活动的各方面来，并且与各科来联络，但是不强求合乎预定的。时间完全不限制，儿童不能做完设计全程的历程，教师要了解原因并采取补救，儿童临时发生特种兴趣，教师要尽力去指导，即使改变预定，儿童也急需看到结果，所以各个设计中当分为许多小段落，以维持兴趣。在同一设计单元里，各方面的活动很多，儿童愿意做任何一方面应该听儿童自由去做，不过希望每个儿童各方面都做到。在同一设计单元中，有许多活动有合作的，有独做的，教师可以做领袖，也可训练儿童来做，每个设计单元的第一个阶段或一方面的活动得到结果，应当有极短的、简单的批评与讨论。

试验的内容主要有：第一，幼稚园的课程和教材。在课程上采取设计组织法，又叫中心制，即设计的目标或课程的中心，大概是这时期里的自然界动植物或社会上的风俗、纪念活动等。就是课程是要合于实际生活的，并且应该活用的。而教材，有一小部分是从书本上来的，如歌谣、故事等，大部分是自然界、社会上日常所见的万事万物。第二，幼稚园的教学法。一是读法教学法，经过试验的有7种，分别是游戏法、故事图画法、歌谣表演法、自述法、随地施教、采用教科书、复习法。二是以自然科为中心来编制课程。有把某种或数种自然物编成一出有趣的故事，以某种自然物做团体游戏，采集标本或买些东西回来煮煮吃，野外写生，做标本，图画，实物陈列等。三是识数。用的教具有点数牌、算珠、初学加法片、旋珠盘。第三，儿童习惯的养成。一是探究儿童应该养成多少必需的习惯。这些习惯分为五个部分，即卫生习惯18条、做人的习惯24条、游戏及工作的习惯45条、智力上的习惯16条。二是探究怎样养成这些习惯，并和教学法具体结合。第四，探讨设备与儿童玩具。按照这几个目标去推进：省钱的、与当地社会情形相近似的、本国货、合于儿童心理、合于教育原理。此外，鼓楼幼稚园还制订了日课表、幼稚生一年的生活历，对幼稚园的教学与管理都起到积极的作用。

　　通过三期的实验，他们认为编制幼稚园课程的原则有以下内容：教师在未定课程以前要随时随地留意儿童的行动、好尚与兴趣之发生、持久等状况；教师要明了儿童心理的普遍原则；教师要调查当地社会情形，与大多数儿童家属的状况；教师要熟悉当地的自然界与普通自然物的生长状况。（以上4条是预备工作的第一步。）预定活动单元要合于当时儿童的需要与社会上自然界将有或已有的东西；每一星期预定的单元，要多于两个以上，以便儿童不做甲可以有做乙的机会；每一单元的细目要详细分析；每一单元应用的材料教师要充分预备；预备工作至迟必须早三天做。（这5条是预备工作的第二步。）引起动机可以用环境的刺激，也可以用谈话的刺激；引起动机以后，急需决定目标与应做到的结果；做的时候要采取分工的原则；做的时候要多方变化维持儿童的兴趣；可以有相当的训练，不过不要太枯燥；每一个大单元不能继续做了，可以在分段里停止；做了一段，就要有讨论和批评，鼓起继续做的兴趣；在一个单元没有做了的时候，忽然来了一个有力的刺激，儿童兴趣忽然转移了，那么应当依照儿童的兴趣，领导他们去做，千万不要固执预定的单元与材料。（这8条是实行课程时应注意的。）

　　鼓楼幼稚园的教学实验与探索，形成了陈鹤琴对中国学前教育的全面认识，并在《我们的主张》一文中系统展现。不仅如此，还对我国学前教育的发展产生了深远的影响。1929年，南京国民政府教育部颁布了《幼稚园课程暂行标准》，主要就是根据南京鼓楼幼稚园的课程实验成果拟定的，鼓楼幼稚园探索的各项成果，除了读法、数法有争议没有被纳入外，其他的全部被纳入，尤其是第三部分"教育方法要点"，集中体现了鼓楼幼稚园三期课程实验的精神，对民国时期幼稚园的教学产生了深远的影响。

第四节　中国第一所乡村幼儿园
——燕子矶幼稚园

1927 年，晓庄试验乡村师范学校建立，陈鹤琴担任学校幼稚师范院院长，将其学前教育实践与探索的脚步踏进农村。同年 11 月，学校幼稚师范院的第一所中心幼稚园——燕子矶幼稚园成立，我国第一所乡村幼儿园应运而生。这起源于陶行知乡村教育改造的理想，也是一场发展乡村学前教育的实验。陈鹤琴对这场实验负有总指导的责任，而具体实践的指导则由他的学生，和他一起进行鼓楼幼稚园实验的张宗麟担任。"它是在陈先生的支持与指导下办起来的，就连当时一架小的风琴，也是由陈先生从鼓楼幼稚园抽调的。"[①] 因此，燕子矶的教学实验，"深受鼓楼幼稚园实验影响"[②]。

燕子矶幼稚园园址在南京市郊区燕子矶麓，是在陶行知的倡议和领导下创办。第一期招收 30 名农家子女，其宗旨为建设中国的、省钱的、平民的乡村幼稚园。1930 年被迫停办。

在办园的整个过程中，燕子矶幼稚园主要作了以下探索：

第一，鼓楼幼稚园实验课程的自然延伸。在课程组织上参照鼓楼幼稚园三期课程实验成果，一是制订学生生活纲要，分年、月、周、日四种，逐层细化。二是采取设计组织法：教师在估定每天的工作时，既参照每月或每周的生活纲要，又根据儿童头天提出来的兴趣和问题，而实施中最重要而最大的根据还是当天的生活环境的刺激和儿童的兴趣。三

[①] 刘未鸣，韩淑芳 . 先生归来兮：陈鹤琴，一切为儿童 [M]. 北京：中国文史出版社，2020：27.

[②] 王伦信 . 教育家陈鹤琴研究 [M]. 济南：山东人民出版社，2015：142.

是结合当时当地的实际整合教学内容，体现乡村生活与环境的特点，既根据乡村的环境特点选择儿童熟悉和取材方便的活动主题及手工、故事材料，又根据乡村儿童的特点在活动方法和课目上有所偏重。

第二，艺友制师范教育模式的实验。艺友制其实就是"师带徒"（也叫学徒制），即把幼儿教师的培养放到幼儿园去。这是陶行知提出来的想法，得到陈鹤琴的大力支持，首先就在鼓楼幼稚园进行。"艺友制的大概意思，就是把学习与理论合二为一。就是怎样做便怎样学，怎样学便怎样教；教的法子根据学的法子，学的法子根据做的法子；先行先知的在做上教，后行后知的在做上学"①，简而言之，就是教、学、做三者合一。艺友制在燕子矶幼稚园得到大力推广。晓庄试验乡村师范学校的学生在本部过三个月的共同生活，从事"校务教学做"，然后到幼稚园从事"幼稚园教学做"。张宗麟后来在《怎样指导幼稚园教学做》这篇文章里，把指导艺友学习的过程分成四个步骤：第一期，新到的艺友，不问他怎样，给他一个座位，让他做幼稚生，让他与幼稚生同吃、同唱、同游戏、同认字，实际参加幼稚生的各种活动，学做一个儿童的领袖。第二期，在第一期经过一个月后，开始指示幼稚园工作的要点，如讲故事的要领、积木的整体变化情况、儿童游戏的注意事项等，并开始让他试做儿童的教师，试做之后与他讨论出现的问题、改进的方法，同时让他学习唱歌、室内布置等基本技能。第三期，第二期结束半年后，开始让艺友们独立地去教，导师只帮助他们参观其他幼稚园的活动。在参观前后导师应做指导谈话和讨论，指示参观的目的、内容，总结收获和提出建议。第四期，让每两个艺友实际负责整个幼稚园工作两个月，导师处于旁观位置，只就活动大纲、材料、方法以及做过的情况以讨论的形式做适当的总结和指导。四期共一年半到两年时间，参加工作半年或一年后经考察而实有成效者发给毕业证书。"艺友制"作为陶行知"生活

---

① 陈鹤琴. 家庭教育［M］. 2 版. 上海：华东师范大学出版社，2013：89.

教育"理论的实践形式之一在晓庄试验乡村师范学校得到普遍推广并产生全国性的影响。

第三，及时地总结研究提高。随着学校的各小学、幼稚园规模不断扩大，1929 年学校改组为晓庄、吉祥、三元、万寿、和平五个地区学院，其管理以地区为系统，以中心小学为主体，中心幼稚园附属中心小学。原幼稚师范院各中心幼稚园及分布在各幼稚园的师范生就被分开到各地区学院中去了。为便于管理，同年 10 月，成立了一个专门负责指导各中心幼稚园工作的学院——"蟠桃学园"。学园成立了幼稚教育的研究团体——幼稚教育研究会，各中心幼稚园的指导员和在园的师范生成为该会的当然会员，规定每周开学会讨论一次实践问题，张宗麟每次必到会作系统讲演。1929 年末，他们制订了 1930 年幼稚教育实验计划，聘请张宗麟协助指导幼稚园的新方法和新实验，邀请陈鹤琴做他们的特别指导。但到 1930 年 4 月，随着学校被查封，所有实验戛然而止。

燕子矶幼稚园的探索，一方面实现了陶行知"平民教育"的理想，另一方面也为陈鹤琴学前教育思想从城市到农村提供了延伸的机会。学校虽然最后没能继续办学，但为陈鹤琴学前教育思想的成熟提供了实践的支持。"陈鹤琴与张宗麟对在鼓楼幼稚园、燕子矶幼稚园和晓庄幼稚园进行的实验结果进行总结，合著了《幼稚园的课程》《幼稚园的读法》《幼稚园的故事》《幼稚园的设备》等论著，并将他们研究、实验心得陆续发表在《幼稚教育》和《儿童教育》上。他们提出的'整个教学法'，后来改称为'单元教学法'，具有深远影响。"[1]

---

[1] 柯小卫. 陈鹤琴传 [M]. 南京：江苏教育出版社，2008：131.

第五节　中国第一所公立幼儿师范学校
——江西省立实验幼稚师范学校

　　1940 年 4 月，在时任江西省主席熊式辉和江西省教育厅厅长程柏庐的邀请下，陈鹤琴由重庆来到江西。同年 10 月 1 日，江西省立实验幼稚师范学校在泰和文江村密布松林的大岭山上正式成立。这是一所由政府办的公立幼稚师范学校。1942 年 10 月，陈鹤琴动身前往重庆，向教育部请求将幼师从"省立"改为"国立"，同时成立幼稚专科。① 在陈鹤琴的争取下，教育部批准该校由省立改为国立。到 1943 年 2 月，学校正式挂出了"国立幼稚师范专修学校"的牌子。无论是省立还是国立，该校都是中国第一所公立幼儿师范学校。

　　该校在办学过程中最重要的事情有这样几点值得记取：

　　一是花最少的钱办成最大的事。在《松林中新生的幼师》一文中，陈鹤琴详细地记载了创办学校的全过程。原本建设学校要花 6 万元，但由于资金紧张，只有 2.5 万元。怎么办？他们从材料的价格、建设的方法、饮水的发现等方面都开展了深入的调查，找到最便宜、最省钱的渠道，硬生生依靠自己的努力和双手，建成了学校，实现了招生，开学。这其中包含的困难和艰辛不难想象，而从中体现的勤俭克难、无私奉献精神，也让我们对老一辈教育家的执着坚强心生敬仰。

　　二是办学过程中师生共建校园的办学模式。1940 年 10 月 1 日，学校正式开学。开学时学校其实并没有建完。"开学实际上等于是全校师生集体劳动生活的开始。我们筑路、拓荒、编草、移植木，一面读书，一

---

　　①　柯小卫. 陈鹤琴传 [M]. 南京：江苏教育出版社，2008：256.

面劳动，变荒山为乐园，在那一个年头当中，确立了跟大自然奋斗的目标。"① 不仅如此，学校还把这些活动作为教学的出发点，包括烧饭、洗衣服、种菜、种花、养猪养鸡、工艺、勤务等，都由学生参与完成。比如烧饭，"是由学生轮流烧的，每天有 8 个人主持全校的烹饪。买菜、买米、捡柴、洗菜、淘米、切菜、烧饭、烧菜、端菜、洗碗等都是学生自己做的"。这种师生一起动手的办学模式，让这所学校得以正常开展教学，也使幼师的求学经历成为那一代学生难忘的回忆。

三是全面实验了"活教育"思想，为"活教育"理论的成型奠定了坚实的实践基础。学校一开学，就积极开展"活教育"实验，明确了学校的教学目标一是培养学生做人，做中国人，做现代中国人；二是培养优良的幼稚园教师，明确学校的六大教学原则，即"大自然、大社会都是活教材""活教法是在做中学，做中做，做中求进步""要培养生产能力，是要学校农场化、工厂化，学生农人化、工人化""活教师用活教法，教活教材，才有活学生""活教师，活学生，集中力量，改造环境，才有活社会""能够自己做的，我们都自己来做"。在教育实施中，把学生的日常生活如烧饭、洗衣服、筑路、编草、种菜、养猪养鸡、种花、工艺、勤务作为教学的出发点，开设了公民、体育及游戏、卫生、国语、自然、社会、美术、家事、音乐、教育概论、儿童心理、保育法、幼稚教育、时事研究、农艺、工艺、实习等课程，使"活教育"理论得到全面的实验。1941 年《活教育》月刊杂志创办，"活教育"理论逐渐成熟，形成完备的理论体系。学校的"活教育"实验在陈鹤琴的教育实践和陈鹤琴教育思想的成熟中地位十分重要。"最初，陈鹤琴发表了《什么叫做'活教育'》的演讲，这是'活教育'理论最早的提出。1940 年 10 月 1 日，江西省立实验幼稚师范学校的创立，是'活教育'实验的开始。1941 年《活教育》月刊的创立，确立了'活教育'理论的基本观点，是

---

① 陈秀云，陈一飞. 陈鹤琴全集：第五卷 [M]. 南京：江苏教育出版社，2008：39.

'活教育'理论诞生的标志。"①

四是全面的课程标准，包括三个课程标准，即幼稚教育课程标准、家庭教育课程标准、幼稚园行政课程标准。这三个标准所包含的内容，就是到了今天，仍值得我们的人才培养方案从中借鉴和学习，有的甚至是我们的人才培养方案中所不具备的。比如家庭教育课程标准，里面所具有的各国家庭教育的鸟瞰、我国各民族家庭教育的现状，就是我们当前的人才培养方案中所不及的。

五是战乱中办学的坚韧。经过三年的平稳办学，1944 年，该校师生开始了颠沛流离的生活。由于战乱，学校从泰和南迁到赣州，又从赣州流亡到宁都，从宁都又辗转到广昌。但无论是怎样困难，学校不仅没有解散，还组织服务队，为受伤士兵服务；每到一地，不仅要完成教学，还组织学生到老百姓家里做扫盲工作。虽有战乱的动荡，却有教育的坚守；虽有生活的艰难，却有为理想奋斗的坚韧。学校师生在抗战中的遭遇和表现，使人看到的不是颓废和绝望，而是昂扬的斗志和活力。这是教育的力量，更是教育信仰的力量。

---

① 王伦信. 教育家陈鹤琴研究［M］. 济南：山东人民出版社，2015：239.

参考文献

［1］张泸．张宗麟幼儿教育论集［M］．长沙：湖南教育出版社，1985.

［2］王伦信．教育家陈鹤琴研究［M］．济南：山东人民出版社，2015.

［3］孙培青．中国教育史［M］．上海：华东师范大学出版社，2000.

［4］陈虹．陈鹤琴与活教育［M］．长春：东北师范大学出版社，2010.

［5］陈鹤琴．怎样做幼稚园教师［M］．上海：华东师范大学出版社，
2013.

［6］陈鹤琴．陈鹤琴全集［M］．南京：江苏教育出版社，1989.

［7］陈鹤琴．家庭教育与父母教育［M］．2版．上海：上海人民出版
社，2016.

［8］陈鹤琴．家庭教育［M］．2版．上海：华东师范大学出版社，
2013.

［9］王道俊，郭文安．教育学［M］．北京：人民教育出版社，2009.

［10］莫秀锋，郭敏．学前儿童发展心理学［M］．南京：东南大学出版
社，2016.

［11］中国学前教育史编写组．中国学前教育史资料选：全一册［M］．
北京：人民教育出版社，1989.

［12］陈秀云，陈一飞．陈鹤琴全集［M］．南京：江苏教育出版社，
2008.

［13］柯小卫. 陈鹤琴传［M］. 南京：江苏教育出版社，2008.

［14］张毅龙. 陈鹤琴教学法［M］. 北京：教育科学出版社，2007.

［15］朱智贤，林崇德. 儿童心理学史［M］. 北京：北京师范大学出版社，1988.

［16］刘未鸣，韩淑芳. 先生归来兮：陈鹤琴，一切为儿童［M］. 北京：中国文史出版社，2020.

［17］廖洪. 婴幼儿养育手册［M］. 北京：北京师范大学出版社，2019.

［18］罗斯·D. 帕克，阿莉森·克拉克－斯图尔特. 社会性发展［M］. 俞国良，郑璞，译. 北京：中国人民大学出版社，2014.

［19］亚当·斯密. 道德情感论［M］. 谢祖钧，译. 西安：陕西人民出版社，2004.

［20］蒙台梭利. 蒙台梭利幼儿教育科学方法［M］. 任代文，译. 北京：人民教育出版社，2001.

［21］M. 希尔伯曼. 积极学习：101 种有效教学策略［M］. 陆怡如，译. 上海：华东师范大学出版社，2005.

［22］穆晓敏. 民国时期我国幼儿师范教育研究［D］. 徐州：江苏师范大学，2018.

［23］朱玲鸽. 陈鹤琴幼儿师范教育理论形成研究［D］. 长沙：湖南师范大学，2014.

［24］顾明远. 家庭教育之我见［J］. 中华家教，2021（1）.